이재록 목사의

영성이 깨어나는 시(詩)

이재록 목사의

영성이 깨어나는 시(詩)

우림

아버지란 단어만 불러도 행복하고
눈물이 나는 삶 감사뿐이니이다

펴내는 글

우리는 인생을 살아가면서 많은 눈물을 흘립니다. 감사의 눈물, 기쁨의 눈물, 그리움의 눈물, 아픔과 슬픔의 눈물, 뉘우침의 눈물 등 여러 종류의 눈물이 있지요. 성경에는 예수님을 만나 눈물로 그 발을 적시고 향유를 부어 드림으로 새로운 인생을 맞은 한 여인의 삶이 기록되어 있습니다. 바로 막달라 마리아입니다.

예수님께서 동네에 오신다는 소문이 들리자, 마리아는 정성껏 준비해 둔 향유 옥합을 들고 그분께로 나아갑니다. 그 순간 진한 사랑의 향이 그녀의 몸을 감싸면서 눈에서 하염없는 눈물이 흘러내립니다. 삶의 수레바퀴에 치여 산산조각 난 마음의 상처를 치유해 주시는 그분의 사랑에 복받치는 감동의 눈물이었습니다.

이러한 눈물이 인생들의 전유물만은 아닙니다. 이 땅의 인생들이 아름다운 천국으로 들어오기를 간절히 바라고 기대하며 흘려주시는 하나님의 눈물이 있습니다.

하나님께서는 영원히 사랑을 주고받을 참 자녀를 얻고자 첫 사람 아담을 지으셨습니다. 하지만 아담이 범죄한 이후, 그의 후손들은 급속히 죄악에 물들어 갔지요. 이에 하나님께서는 노아 시대에 홍수 심판을 단행하실 수밖에 없었습니다. 얼마나 마음이 아프셨을까요? 하나님의 눈에서는 눈물방울이 뚝뚝 떨어졌습니다. 그 눈물방울이 옷자락에 떨어질 때 '기대함'이라는 글자가 새겨졌지요. 노아로부터 다시 시작할 인간 경작을 통해 선하고 아름다운 참 자녀가 무수히 나올 것을 또 기대하셨습니다.

예수님도 눈물을 흘리셨습니다. 자신이 십자가 고난을 당한 후 일어날 일들을 알기에 눈물을 흘리셨지요. 십자가를 지기 며칠 전에도 감람산에 올라 예루살렘 성을 보며 우셨습니다(눅 19:41). 또한 십자가에 달려 살이 찢기고 뼈가 드러나는 고통 가운데서도 "아버지여 저희를 사하여 주옵소서" 하며 눈물로 영혼들을 위해 중보 기도를 올려 주셨습니다(눅 23:34 ; 히 5:7).

저 역시 교회 개척 이후 지금까지 눈물로 하나님의 나라를 이뤄 왔습니다. 35년의 세월, 밤낮으로 영혼들을 위한 간구가 마음에서 그친 날이 없습니다. 하나님의 말씀대로 살라고 단에서 그렇게 가르쳤건만 죄악 속에 허덕이며 지옥을 향해 가는 영혼들 생각에 주체할 수 없는 눈물을 쏟곤 했습니다.

그 결과 죄악이 관영한 세상 속에서도 대다수의 성도가 단순히 구원받는 차원에서 그치는 것이 아니라 가장 아름다운 천국 새 예루살렘 성을 침노하며 달려가게 되었습니다.

저는 주의 종으로 부름 받은 후 하나님의 깊은 마음과 뜻을 깨닫기 위해 밥 먹듯이 금식하고 기도하였습니다. 간절한 기도 끝에 하나님께서는 성경에 담아 놓으신 무궁무진한 마음과 깊고도 오묘한 섭리를 알려 주셨습니다. 또한 밝은 영감 중에 하나님과 선지자들, 주님과 제자들의 마음과 사랑을 알려 주셔서 그 내용을 『고백』 책으로 발간한 바 있습니다.

금번에는 이러한 사랑과 눈물의 의미를 깨달아 변화된 성도들의 고백을 추가하여 『눈물』이라는 책자를 발간하게 되었습니다.

1부 '눈물이 기쁨이 되기까지'에서는 인간 경작을 결심하실 때 아버지 하나님의 기대와 그 과정에서 겪어야 했던 눈물의 고백, 그리고 하늘의 천사장들과 선하고 아름다운 마음을 이룬 선지자들의 고백을 담았습니다.

루시퍼의 배신과 아담의 범죄, 그리고 홍수 심판이라는 아픔 속에서도 아버지 하나님의 기대는 바래지지 않았습니다. 무수한 아픔을 겪으면서도 사랑의 하나님께서는 결코 참 자녀를 얻으려는 계획을 포기하실 수 없었습니다.

그 결과 에녹, 노아, 아브라함, 요셉, 모세, 사무엘, 다윗, 엘리야와 같이 보석처럼 아름다운 마음을 이룬 참 자녀를 얻게 되었지요. 선지자들의 아름다운 사랑의 향을 기뻐 받으신 하나님께서는 "참 잘한 일이구나." 하며 한없는 위로를 얻으셨습니다.

2부 '누구도 끊을 수 없는 사랑'에는 구세주로서의 사명을 감당하고자 이 땅에 오신 예수님의 영혼 사랑이 깊이 배어 있습니다. 그리고 십자가를 지고 골고다 언덕을 오르시며 아들로서 아버지 하나님을 위로해 드리는 애틋한 사랑의 고백, 피로 물든 십자가 상에서도 오히려 이 땅에 남겨질 영혼들을 생각하시는 사랑의 고백을 담았습니다.

인생들의 죄의 짐을 대신 지는 입장에서 아버지를 아버지라고 부를 수 없었던 그분의 마지막 몸부림치는 호소가 들리는 듯합니다. 그럼에도 인생들을 사랑하시기에 아들을 희생시킬 수밖에 없는 아버지 하나님의 심정 또한 잘 나타나 있지요.

예수님이 돌아가실 때 두려워했던 제자들은 성령을 받은 뒤 일변하여 담대히 복음을 전파하였습니다. 열두 사도를 비롯한 하나님의 사람들은 죽음 앞에도 당당했습니다. 이제 곧 주님을 뵈올 수 있다는 생각에 가슴 벅찬 희열까지 느낍니다.

죽음조차도 끊을 수 없는 사랑, 예수님께서 십자가에 달리셨을 때 아들에 대한 아버지 하나님의 절절한 마음, 그리고 삶의 마지막 순간까지 주님을 심히 그리워하며 죽음도 두려워하지 않았던 제자들의 눈물겨운 고백을 담았습니다. 제자들의 고백은 오늘날 우리가 어떠한 신앙생활을 해야 할 것인지, 얼마나 감사함으로 좁은 길을 가야 하는지 느낄 수 있게 합니다.

3부 '눈물은 보석이 되어 흩날리니'에서는 아버지 하나님과 성도들을 향한 저의 고백을 수록하였습니다. 7년 동안 온갖 질병으로 고통 중에 있던 저를 만나 주신 아버지 하나님의 사랑과, 저를 위해 생명을 내어주신 주님의 사랑을 느끼면 느낄수록 영혼들에 대한 사랑도 더욱 뜨거워집니다. 양 떼를 책임지는 목자로서 자신을 희생해서라도 지옥으로 가는 수많은 영혼을 어찌하든 살리고 싶은 저의 애절한 마음의 고백을 담았습니다.

4부 '눈물은 영광의 열매로'에서는 변화된 성도들의 고백을 담았습니다. 죄악으로 인해 죽을 수밖에 없던 영혼들이 목자의 눈물을 통해 구원은 물론, 새 예루살렘 성을 침노하는 과정이 잘 나타나 있습니다. 또한 변화된 자신을 위해 사랑으로 헌신해 주신 삼위일체 하나님께 대한 감사의 고백도 있지요.

영혼들을 위해 끊임없이 눈물 흘리며 간구한 세월은 값진 열매로 나왔습니다. 시들어 가는 식물에 물과 영양분을 공급해 주듯이, 오랜 세월 인내하고 헌신하며 눈물로 기도해 주었을 때 하나하나 보석처럼 빛나는 영혼들로 나온 것입니다.

아버지 하나님과 주님의 사랑은 측량할 길이 없습니다. 모쪼록 이 글을 읽는 모든 분들이 그 사랑을 깨달아 참 자녀의 열매로 나옴으로 아버지 하나님의 위로의 선물이 되시기를 기원합니다.

그동안 책자 발간을 위해 수고하신 빈금선 편집국장과 우림북 직원들에게 감사드리며 귀한 책자를 발간할 수 있도록 인도하신 아버지 하나님께 모든 감사와 영광을 돌립니다.

2017년 4월, 부활절을 맞아

겟세마네 기도처에서 이재록 목사

1부 / 눈물이 기쁨이 되기까지

하나님과 선지자들의 사랑

차례

2부 / 누구도 끊을 수 없는 사랑

주님과 사도들의 눈물

* 표시된 페이지에서 감동의 영상을 볼 수 있습니다.

3부 / 눈물은 보석이 되어 흩날리니

하나님과 목자의 눈물

* 표시된 페이지에서 감동의 영상을 볼 수 있습니다.

4부 / 눈물은 영광의 열매로

목자와 성도들의 사랑

* 표시된 페이지에서 감동의 영상을 볼 수 있습니다.

"사랑하는 자들아
주께는 하루가 천 년 같고
천 년이 하루 같은 이 한 가지를 잊지 말라"

(베드로후서 3:8)

사랑을 주고받기 원하여 시작된 인간 경작.
그러나 그 과정에서 겪어야 했던
아버지 하나님의 아픔과 눈물.

'흘리고 흘려도 흐르는 눈물…'

천 년을 하루같이 기다리며
오랜 세월 사랑의 눈물을 흘리신 하나님은
보석처럼 아름다운 마음을 이룬 참 자녀들로 인하여
한없는 기쁨과 위로를 얻으셨습니다.

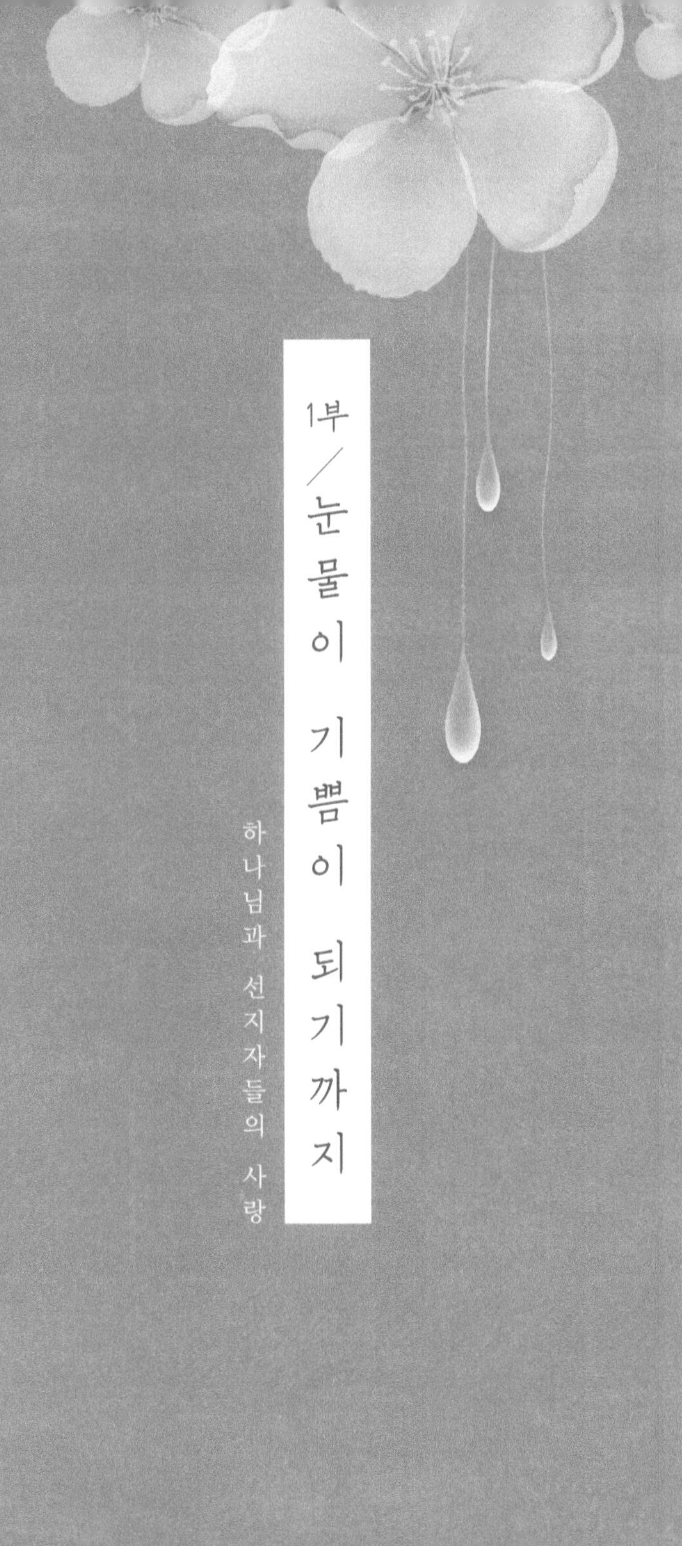

1부 / 눈물이 기쁨이 되기까지

하나님과 선지자들의 사랑

사랑을
주고받는 자들이
가득하다면

나의 사랑은 크고
나의 마음은 아름다우며

나의 공간은 한이 없도다.

이 큰 공간에
사랑을 주고받는 자들이
가득하다면

참으로 기쁜 일이겠구나.

근본의 빛과 소리로 창조의 역사를 베푸시는
사랑의 하나님께서 참 자녀를 얻기 위한
인간 경작을 결심하신 고백

인간 경작이라는 위대한 계획

인간 경작이라는 위대한 계획이
내 마음에 가득히 있거늘
이를 위한 나의 사랑이
그 희생으로 나타나는도다.

누가 나를 알 수 있으리,
내 사랑의 마음을.
내 계획이 너무나 커서
나의 근본의 마음을 알지 못하면
이 큰 희생에 순종이 되지 못하리.

내 아들들…
이들을 위한 나의 사랑의 희생을
이들이 알아주기를…
나의 마음의 아픔을, 나의 마음의 선을
나의 마음의 사랑을….

나의 사랑의 마음이 눈물이 되어
나의 이 큰 계획의 열매가
온전히 맺혀지리.

나의 백성, 나의 자녀들…
나의 이름이 이 땅에서 아름답게 빛나길.
내가 준비한 이곳…
나의 영광이 빛나리.

나는 여호와 하나님,
인생들을 사랑하여 모든 것을 내어준
너희들의 아버지라네.

큰 희생이 따를 것을 알면서도
인간을 창조하여 경작하는 계획을 품으시고
참 자녀를 얻기까지 모든 것을 내어주시는 하나님의 고백

이처럼 아름다운 세계를 지으셨도다

– 찬양 천사장의 고백

태초 이전부터 있었던
그 빛이 신비하여라.

그 근본된 빛으로
모든 것을 비추시며
그 마음에 품으시고 계획하신 뜻을
펼치셨도다.

그 아들들을 분리하시고
아름다운 천사들을 지으시사
아버지의 원하시는 뜻을
이루셨도다.

그 이름이
홀로 높으시며
그 영광이
천지에 뛰어나심이로다.

지극히 찬양받기에 합당하시며
영화로우신 이름으로
찬양 중에 거하시는 이여,
그 찬양을 받으심으로 그 은혜가 넘침이로다.

만물 위에 뛰어나서
그 위엄으로
모든 마음을 감찰하시고

홀로 근본이 되셨으나
우리를 사랑하사
그 빛이 이처럼 나누이사
그 사랑의 은택을 펼치셨도다.

찬양하리로다.
그 성호를 찬양하며
그 아름다우심을 능히 찬양하리로다.

이 가느다란 입술로써
아버지의 사랑을 입은 자의 말로써
정녕 그 이름을 찬양하리로다.

그 찬양을 받으시고 기뻐하시는
내 주를 찬양하리로다.

홀로 계신 그분,
홀로 계셔서 모든 것을 생각하시고
그 마음에 두사
이처럼 아름다운 세계를 지으셨도다.

이와 같이 우리에게
밝히 펼쳐진 바 되게 하사
우리로 하여금
그 성호를 찬양하게 하신 은혜가
아름다우셔라.

찬양을 받으심이 합당하심이로다.
신비로우신 빛이시로다.

그 크기와 밝음이
한이 없으시니
이 모든 천상의 세계를
진동하고도 남음이 있으심이로다.

아버지의 계획하심과
주의 계획하심이
영원토록 있으심이로다.

찬란하리로다.
찬란하리로다.
그의 모든 것들이 찬란하리로다.

수많은 천사 중에 인성을 부여받아
성부 하나님을 섬기던 찬양 천사장 루시퍼가
창조주 하나님의 사역을 찬양하는 고백

그 크신 사랑을 어찌 다 표현하리오

– 천사장의 고백

아버지의 그 크신 사랑을
어찌 다 표현하리오.

그 위엄과 그 권세 아래
우리를 만드시고
우리의 찬양을 즐거워하시는
아버지께 감사하나이다.

입이 있어 아름다운 노래로
아버지께 경배케 하시고
손이 있어 손을 들어
아버지께 경배케 하며
눈이 있어 그 아름다우심을 보게 하시나이다.

그 사랑을 찬양드리나이다.

성자 하나님을 섬기는 천사장이
성부 하나님의 위엄과
크신 사랑을 찬양하는 고백

진한 사랑의 향으로 전달되나이다

- 천사장의 고백

아버지의 아름다우심을
그 사랑을 찬양하며
찬양하나이다.

거침이 없으시나 늘 마음에
사랑으로 담아 두시어서
우리를 생각하시니
진한 사랑의 향으로 전달되나이다.

그 깊으시고 크신
아버지의 마음을 찬양하나이다.

우리를 곁에 두사
아름다우신 아버지를
찬양케 하심에 감사하나이다.

성령 하나님을 섬기는 천사장이
성부 하나님의 아름다움과
깊고 크신 마음을 찬양하는 고백

나를 사랑하심이 이와 같으시니

- 루시퍼의 고백

아버지의 사랑이 한이 없고
그 넓으신 마음의 사랑이 끝이 없으시며

나를 사랑하심이 이와 같으시니
보이는 모든 것들이
아름답고 아름다우니이다.

사방에 둘러 있는
아름다운 보석의 빛들도
아버지의 마음을 드러내거니와
저를 만드신 아름다움이 그 위에 더하나이다.

그 마음에 크신 뜻이 있으사
그 마음에 품으신 일이
영광으로 드러나실 줄을 찬양하나이다.

성부 하나님의 지극한 사랑을 받았지만
"저를 만드신 아름다움이 그 위에 더하나이다" 하며
교만함을 드러내기 시작한 루시퍼의 고백

인간 경작을 위한 필수이건만

참으로 참담하도다.

내가 베푼 사랑이
이런 사건으로 진행되었구나.

인간의 경작을 위한 필수이건만
지금의 내 마음은
말할 수 없는 고통이구나.

배신의 아픔
말할 수 없는 고통….

인간 경작의 섭리 가운데 허락된
루시퍼의 반란 사건으로
심히 참담하신 하나님의 마음

아버지여, 눈물을 거두소서

- 두 천사장의 고백

아버지여,
그 눈물을 거두소서.

아버지의 참사랑을
우린 아옵나니
아버지의 크신 마음을
인생들에게 베푸시기 위함이시나이다.

아버지의 고통을
어찌 다 말할 수 있겠나이까.

그러나 반드시
이 희생의 대가
그 열매가 아름다우리니
아버지여, 눈물을 거두소서.

루시퍼의 반란 사건(창 1:2)으로
마음 아파하며 눈물 흘리시는 하나님을
위로해 드리는 두 천사장의 고백

나의 참음은 계속되리라

배신이란 아픔이 이토록 큰 것을
몰랐던 것은 아니지만
고스란히 마음 깊숙이 들어오는 슬픔.

아리땁다, 귀하다, 고맙다 하였거늘
나의 그 모든 말을 허사로 돌리는구나.

하나의 배신과 결부된 여럿,
그 여럿이 또다시 마음을 아프게 하니
악이란 보고 싶지 않은 것.

그러나 악이 선을, 어둠이 빛을
더 가치 있게 할 것이니
나의 선택이 참 열매가 되기까지
나의 참음은 계속되리라.

심히도 마음이 아프지만 참 자녀들을 얻기까지
오랜 세월 참으며 수고를 감내하시겠다는
성부 하나님의 결단

이 아들을 탄생시키셨나이다

– 아담의 고백 1

아버지여, 아버지의 기쁨이 되며
아버지의 열매가 되게 하시려고 이 아들을 탄생시키셨나이다.

이 아들이 아버지의 사랑을 입고
아버지의 은택을 입어 만물 중에 높이 세워졌나니
아버지여, 이 아들의 입술을 통하여
찬양과 영광을 받으옵소서.

아버지께서 처음부터 이 모든 것을 지으시사
아버지의 사랑을 펼치시고 그 마음을
곳곳마다 담아 놓으셨나이다.
이 아들로 아버지의 위대하심을 찬양할 수 있게 지으셨나이다.

아버지여,
아버지의 능력으로 이 아들을 탄생시키셨고
만물을 다스릴 권세를 주셨나이다.

에덴동산에 살던 첫 사람 아담이
하나님의 사랑과 권능으로 자신을 창조하여
만물의 영장으로 세우심에 감사하는 고백

그리 아끼고 소중히 여겨 주었건만

진정한 경작의 시작이로구나.

그리 아끼고 그리 소중히 여겨 주었건만
자기라는 속성이 나의 사랑을, 나의 마음을
그 안에서 사라지게 하는구나.

내가 지은 사람에게 나의 마음처럼
선택해 주기를 원하는 것이 어려운 일이 아니건만
인생이 자기라는 속성으로부터 벗어지지 아니하니
결국 그들이 지은 바대로 자기의 길을 가는구나.

선의 음성을 듣고 선을 즐거이 여기며
그 안에서 나를 찾는 자들이 나오기까지
나의 경작의 섭리는 계속해서 이어져 갈 일.
서늘해져 가는 날이 이곳이 빈 것을 알려 주는구나.

범죄한 아담을
에덴동산에서 내어보내신 후(창 3:23)
안타까워하시는 하나님의 마음

이 가죽옷을 볼 때마다

– 아담의 고백 2

아버지, 내 아버지.
감히 아버지라 부르기에도
너무 부끄럽고 부끄럽나이다.

내가 왜 이리
아버지를 슬프시게 해 드린 것인지
이 가죽옷을 볼 때마다
아버지의 마음을 떠올려 보나이다.

예전과는 다른
이곳의 척박함을 아셨고
기후를 아셨고
무엇이 내게 필요한지 아셨기에

아버지를 생각할 수 있도록
이곳의 삶을 능히 이겨나갈 수 있도록
이 증표를 주심이나이다.

내게 주신 세월들이 얼마나
아버지의 영광 속에 살게 하신 것인 줄
그때는 알지 못했나이다.

비로소 이곳에서의 삶이
그것을 느끼게 하나이다.

아버지의 사랑하심이 얼마나 크셨고
나로 말미암아
아버지의 영광 속에
얼마나 누리며 살게 하셨는지를….

하나님께서 입혀 주신
가죽옷(창 3:21)의 의미를 몰랐던 아담이
하나님 사랑을 깨우치고 올린 고백

밀려오는 아버지에 대한 그리움

- 에녹의 고백 1

내 마음에
깊어지는 것이 있으니
아버지에 대한 그리움이나이다.

오늘도
뵙고 싶은 마음에
내 눈에 눈물이 흐르나이다.

이 땅에서
아버지를 찾는 기쁨도
말할 수 없는 행복이나

아버지를 뵙고 싶을 때는
그런 마음이 어디로 가는지…
내 눈에 눈물이 맺히나이다.

아버지께서 만드신 모든 것을
다 귀히 여겼고
아꼈나이다.

아버지의 뜻을,
아버지의 마음을 찾았고
아버지를 느꼈나이다.

그러나 이제 밀려오는
아버지에 대한 그리움이
말할 수 없는 사무침이 되나이다.

뵙고 싶은 내 아버지,
내 사랑의 아버지여.

아담의 7대손 에녹(창 5:4~18)이
자연 만물 속에서 하나님의 마음을 느끼면서
너무나 뵙고 싶어 눈물로 올린 고백

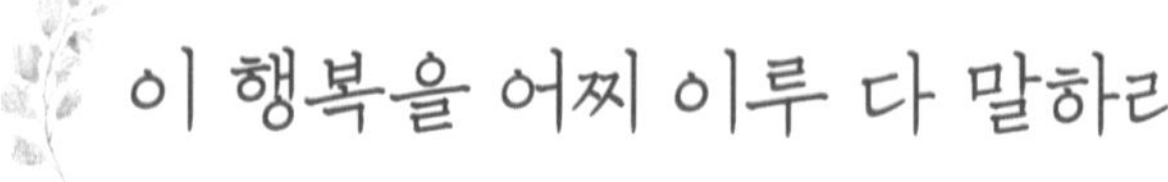

이 행복을 어찌 이루 다 말하리

- 에녹의 고백 2

아버지께서
나를 부르시니
내가 영광 중에 나아가네.

그리도 뵙고 싶은
나의 아버지께서 나를 부르신다네.

이런 영광을
내가 맞이하니
이 행복을 어찌 이루 다 말하리.

에녹이 이 땅에서 삼백 년 동안
하나님과 동행하는 삶을 살다가(창 5:24)
하늘로 들림 받기 직전에 올린 고백

아름다운 이를 본다는 것은

참 잘한 일이구나.
아름다운 이를 본다는 것은 즐거운 일이네.

선한 자,
이런 이를 얻기 위한 경작이 열매로 드러나네.
말 한마디 한마디가 사랑스럽고 선하니
감동이 되어지네.

인생들을 만든 기쁨이 내게 넘치니
이를 내 곁에 어찌 두지 않으리.
그 선이 나의 마음을 감동으로
가득 차게 하는도다.

하하하….

선하고 아름다운 열매로 나온
에녹 선지자를 바라보며
기쁨과 보람을 느끼신 하나님의 고백

무엇으로 나의 슬픔을 가라앉힐 것인가

악이란
스스로의 멸망을 만드는 것.
그러나 그것조차도 알지 못하며
그 악의 끝을 보이는구나.

울부짖는 저 소리
몸부림치며 악을 쓰지만
여전히 그 모습은 악으로 가득 찼구나.

스스로의 구원을 위해 발버둥 치지만
자기의 능력 밖의 일임을
깨닫지 못하네.

어리석은 인생들이여,
나의 지음을 인해 이리도 마음이 아프건만
어리석은 인생들은 자기를 살려 달라
하늘을 보고 원망하며 소리를 지르는구나.

참으로 슬프도다.
인생들의 악으로 인해
그 숨이 끊어지는 것들이여.

무엇으로 나의 슬픔을 가라앉힐 것인가.
순종으로 나온 이의 열매가
나의 위안이 되는구나.

나는 포기치 아니하며
버리지 아니하니
인생들의 역사는 연결이 되리라.

홍수 심판을 받는 인생들의 악에
슬프셨지만(창 6:5~8) 노아 가족을 통해
또다시 인간 경작의 열매를 기대하시는 하나님의 마음

새 땅과 새로운 세계가 펼쳐졌음이나니

– 노아의 고백

여호와 하나님이시여,
우리의 이 모든 생명을 구원하시고 구원하심에
감사를 드리나이다.

이제 새 땅과 새로운 세계가 펼쳐졌음이나니
이자가 여호와 하나님께 이와 같이 머리를 숙이며
여호와 하나님의 그 모든 창대하심에
머리를 숙이나이다.

우리의 생명을 살리시고 구원하사
새롭게 이 땅을 만들어 가시고 또한 만들어 가실 주,
여호와 하나님께 이처럼 번제를 드리나이다.

우리 생명을 건지시고
우리 가족을 건지시며 이와 같이
새롭게 시작하심에 감사드리나이다.

아담의 10대손 노아가 홍수 심판 이후
구원받은 은혜에 감사하여
하나님께 첫 번제를 드리며 올린 기도

"나의 능력의 손길이
하나하나에 닿아 기관과 모든 것을
만들고 있음이나니 아름답게 지어지는
이 사람을 통하여 내가 영광을 받으리로다.
그 후손과 그 대대의 후손을 통하여
나의 아름다움과 인자함과 온유함과
나의 사랑 많음과 전지전능함이 선포되리로다."

-『고백』 책자 중에서
첫 사람 아담을 정성 다해 빚으며
훗날 그의 후손과 대대의 후손들을 통하여
참 자녀들을 얻을 것을 기대하신 하나님의 고백

신실하시며 긍휼이 많으신 아버지

– 아브라함의 고백 1

아버지,
내 아버지.

아버지께서는 신실하시며
긍휼이 많으시니
그 크심을 어찌 다 말할 수 있겠나이까.

아버지의 그 마음을
이자가 능히 아나이다.
좋으신 분이시며 선하신 분이심을….

아버지, 내 아버지.
나의 기도를 들으시며 경청하사
응답하시기를 원하시는 그 사랑을….

한 영혼이라도 더 구원하기 원하시는
하나님의 마음을 알아 소돔과 고모라를 위한
중보 기도(창 18:20 이하)의 응답을 믿는 아브라함

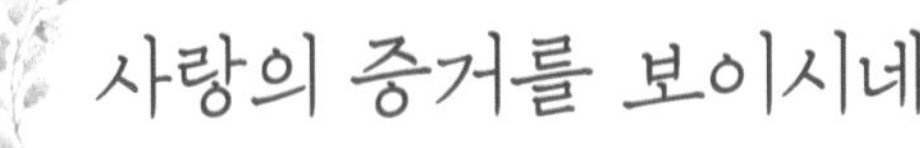

사랑의 증거를 보이시네

- 아브라함의 고백 2

아버지는 사랑이 많으시고 참으심이 크사
선한 이를 벌하지 아니하시고
악을 사랑치 아니하신다네.

인생인 나의 말을 들으시며 살피사
공의를 세우시고 그 사랑의 증거를 보이시네.

아버지는 좋으신 분
우리 인생들의 어리석음이
아버지의 사랑을 가리우네.

아버지의 넓으신 마음
그 마음에 감탄이 저절로 나오는구나.
아버지는 크신 분, 완전하신 하나님.

소돔 성에 의인 열 명만 있어도 멸하지 않겠다는
하나님의 응답을 받은 후(창 18:32),
아브라함이 올린 감사의 고백

믿음의 조상으로 세우심이니이다

- 아브라함의 고백 3

나의 행함, 나의 마음, 무엇 하나
아버지의 도움이 아닌 것이 있었으리이까.

밤하늘의 별들을 보고
아버지의 언약을 생각함이며
상수리나무를 보며 아버지의 언약을 생각함이며
멀리 내다보이는 흐릿한 형상 속에서도
아버지의 모습을 그리워했나이다.

내 눈에 들어오는 모든 것을
그냥 지나칠 수 없었음은
아버지의 손길을,
그 사랑을 늘 찾았기 때문이니이다.

아들을 번제로 드리는 것
그것조차도 난 아버지의 진한 사랑임을 느꼈기에
오히려 나를 믿어 주시는
아버지의 마음에 눈물이 났나이다.

늘 이 아들을 생각하사
복 주시기만을 원하셨던 아버지의 사랑이
오늘날 이 아들을
믿음의 조상으로 세우심이니이다.

이 땅의 삶이 아버지로 인하여
행복하였음이나니
이 세대에 나같이 복을 받은 자가 있으리이까.
아버지께 감사하리이다.
사랑의 내 아버지께.

이 사랑의 아버지를 세세토록 잊지 않기를
이들에게 당부하는바
아버지의 사랑이 늘 이들에게 있음을
잊지 않기를….

독자 이삭을 바치라는 시험을 통과한 후
믿음의 조상이 된 아브라함(창 22:12~18)이
하나님께 감사하며 후손들에게 당부하는 고백

축복을 넘치도록 부으시는 아버지

– 요셉의 고백

아버지, 내 아버지.

나의 부족함을 채우시고
변화시키사 아버지의 가장 좋은 것으로 주시는
신실하신 아버지.

철없던 나를 깨뜨리시며
지혜를 주사 매 순간 이겨가게 하시고
조용할 때와 말할 때를 알게 하시고
사람의 마음을 보게 하사 그 마음을 사게 하시며
아버지의 축복을 넘치도록 부으신
아버지, 내 아버지.

늘 내 곁에서 위로하시며 인내하게 하시어
오늘의 영광을 보게 하신 나의 아버지.

노예로 팔려간 요셉이 13년의 연단을 마치고
애굽 총리가 된 후(창 41:40~45)
지난날을 회상하며 올린 감사의 고백

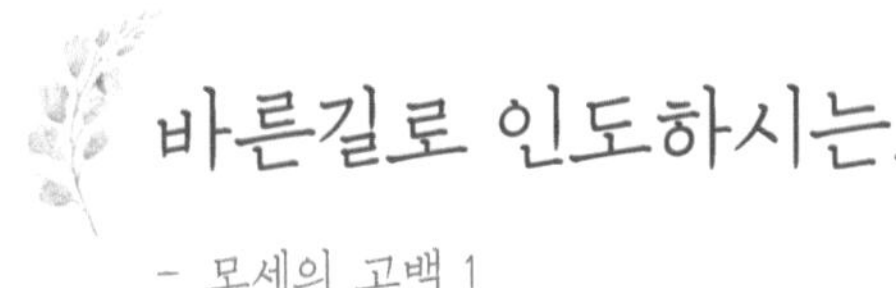

바른길로 인도하시는도다

- 모세의 고백 1

아버지, 내 아버지.

항상 어려움에서 구원하시고
밝은 길을 제시하시며
우리에게 좋은 것으로 채워 주신 내 아버지.

아버지의 지혜는 크셔서 측량할 길이 없으며
아버지의 권능은 무한하시도다.

그 사랑의 길을 보이시며
바른길로 인도하시는도다.

아버지는 인생의 간구를 들으시며 응답하시는 분,
선한 것을 즐거워하시고 복 주시기를
즐거워하시는 좋으신 분이로다.

출애굽의 지도자 모세가
십계명을 주신 하나님의 사랑을 생각하며
올린 감사의 고백

인생들의 악을 어찌 녹여야 한단 말인가

- 모세의 고백 2

아버지의 역사하심을 믿었고 알았고
체험했다고 그리도 좋아했건만
어찌 그 믿음을
지키지 못하는 것인가.

살아 계신 아버지의 역사가 적음도 아니요
그 사랑이 적음도 아니요
우리를 이끌어 내신 그 이유를
모르는 것도 아니건만

이 불쌍한 인생들의 악을
어찌 깨뜨리며
어찌 녹여야 한단 말인가.

보면 좋다 하고
잠시 후면 잊어버리고
힘들다 하는 인생들.

아버지,
그래도 아버지께서는 기다리시나이다.
아버지의 도움을 구하나이다.
아버지의 권능을 구하나이다.

이 어리석은 영혼들을 위해
아버지께 구하오니
아버지, 들으소서.

저들이 아버지로 인하여
강퍅함을 버리고
믿음으로 나아오기를
바라나이다.

광야생활 중에 번번이 불평하고 원망하는
이스라엘 백성을 위해 중보 기도하는
출애굽의 지도자 모세의 고백

아버지의 눈물이 기쁨이 되는 날까지

- 모세의 고백 3

나같이 어리석고 어리석은 자도
믿고 참아 주셔서
감히 꿈도 꿀 수 없는 아버지의 섭리 속에
이들을 이끄는 목자가 되었나이다.

자신감 없이 몸을 숨기며 살 수밖에 없는 나를
아버지의 권능으로 존귀케 하시고
아버지의 얼굴을 뵈올 수 있는 자가 되기까지
아버지의 인내하심을 상고하나이다.

이들의 불평과 철없는 행동들이
나를 심히 아프게 하나
아버지의 사랑은 어떠하셨을까 생각하면
눈물뿐이나이다.

잘하기만을, 잘되기만을 바라고 또 바랄 뿐
이들을 버리고자 함도, 이들을 포기하고자 함도
내 마음엔 없나이다.

아버지,
옛일을 생각할 때에 아버지의 마음이
내 마음을 아리도록 아프게 하나니
저들의 모습이 내 모습이었고
저들의 어리석음이 내 어리석음이었나이다.

아버지는 그런 나를
늘 깨달을 수 있게 해 주셨고
자상하게 가르치며 인도해 주셨나이다.

앞으로의 날들,
아버지의 눈물이 기쁨이 되도록
이 아들은 나아가니이다.
내게 주신 사역을 이루는 그날까지
내게 허락하신 날들까지.

자신을 믿고 참아 주신 하나님의 사랑을 기억하며,
불평하고 원망하는 이스라엘 백성이라도
끝까지 이끌어 가겠다는 모세의 고백

오로지 하나님을 사랑함으로

\- 사무엘의 고백

하나님, 나의 하나님.
감사드리니이다.

내 마음속에 다른 어떤 것도 들어오지 않고
오로지 하나님을 사랑함으로
하나님 전에 나와 날마다 기도하며
하나님의 말씀을 깨우치고

하나님께서 주시는 감동함 속에
깨우치는 하나하나의 은혜가
늘 내게 있게 하시니
감사하나이다.

기도하는 것이 무엇보다도 즐겁고
하나님 전에 나와
무릎을 꿇는 것이 무엇보다 즐거우며
하나님 말씀 하나하나를 이해하면
그것보다 더 큰 기쁨이 없나이다.

내 부모의 얼굴을 보는 것보다
내가 사랑하는 이들과 함께
대화하는 것보다

하나님께서 주시는 은혜 속에서
진리를 하나둘씩 깨우쳐 가는
기쁨이 심히도 큼이나니

내 마음에
이와 같은 은혜를 주심에
감사드리나이다.

어려서부터 성전에서 자란
사무엘(삼상 3장)이 사춘기 이후,
자신의 삶에 대해 감사하며 올린 기도

내게 주신 은혜가 얼마인데

- 다윗의 고백

아버지,
하나님의 뜻을 잘 알기에
나의 원하는 바를 주장치 않나이다.

사랑하는 아버지께
내 마음을 담은 성전을 올리고자 함을
아버지께서 받으셨기에
그것으로 족하니이다.

아버지께서
내게 주신 은혜가 얼마인데
아버지의 마음을
그 안에 담긴 뜻을 모르리이까.

아버지는
내게 항상 신실하셨고
나를 사랑하사 내 길을 여신
나의 아버지이니이다.

내가 곤고할 때에
내게 알리시고
내가 괴로울 때에 나를 보셨나이다.

아버지의 사랑이 한없어
그 사랑을 다 짐작할 수는 없음이니이다.
그러나 내가 이것으로 족하리니

나의 아버지,
하나님을 찬양하나이다.

다윗 왕이 성전 건축을 사모했으나
아들 솔로몬을 통해 이루기 원하시는
하나님의 뜻을 알고(대상 22장) 올린 고백

모든 것이 아버지의 마음이 되기까지

– 엘리야의 고백 1

나를 있게 하심도, 나를 가게 하심도
내 삶을 살아가게 하심도
나의 아버지 은혜이거늘

내가 당연히 아버지 손에 이끌려
이 모든 일들을 하는 것은
당연한 일이구나.

내가 나를 생각하며 살지 않음은
아버지가 아심이니이다.

내 삶의 모든 것이
아버지의 마음이 되기까지
나를 인도하신
나의 아버지 하나님께 감사를 드리나이다.

엘리야가 유약한 성품을 극복하고
아합 왕에게 담대히 하나님의 뜻을 선포하는 등
오직 순종하는 사역을 이루며(왕상 17장) 올린 고백

만군의 여호와이심을 나타내소서

– 엘리야의 고백 2

내 아버지여,
내 아버지여, 이 종의 기도를 들으사
저들의 우상 앞에 내 아버지의 살아 계심을 나타내소서.

이 종을 지금까지 있게 하시고
은혜를 베푸사 아버지의 종으로 이끄셨으니
이 종의 입술을 보장하시며 아버지께서
정녕 저들 위에 만군의 여호와이심을 나타내소서.

저들이 어리석어 저들이 섬기는바 그것이
한낱 우상에 지나지 않음을 알게 하소서.

아버지여, 내 아버지여,
이 종에게 아버지의 영광을 드리우게 하소서.
오직 저들이 볼 것은 아버지의 살아 계심이니이다.

엘리야가 갈멜 산에서
850명의 거짓 선지자들과 대결하여
불의 응답을 받고자 하나님께 올린 기도

아버지의 위대하심을 보이셨나이다

- 엘리야의 고백 3

하나님이시여,
주는 온전하시며 완전하시나이다.

이 비천한 주의 종의 말을 들으시고
그 크신 팔을 펴사
아버지의 위대하심을 보이셨나이다.

아버지의 권능은 한이 없으심에
그 권능을 찬양하나이다.

이 종을 영화롭게 하사
하나님의 이름을 높이게 하며
그 영광을 보게 하신
내 아버지께 감사드리나이다.

갈멜 산에서 불의 응답을 끌어내리자
우상 숭배하던 이스라엘 백성들이 회개하고
하나님께 영광 돌릴 때(왕상 18:39) 엘리야가 올린 고백

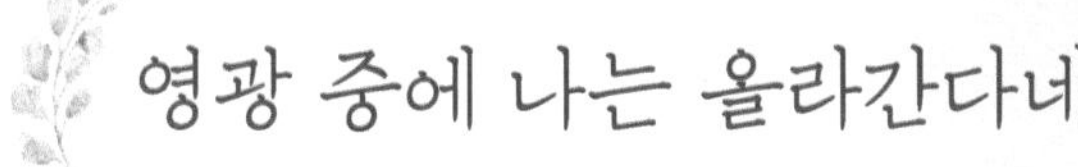

영광 중에 나는 올라간다네

- 엘리야의 고백 4

아버지께서 보내신 영광이
내가 아버지 앞에
어떠한 삶을 살았는지 말해 주네.

얼마나 그리던 순간인가.

아버지의 부르심을 입어
영광 중에
나는 올라간다네.

하하하….

엘리야가 모든 사역을 마친 후
하나님께서 불수레와 불말들을 보내 주시니
영광 중에 회리바람을 타고 승천하면서(왕하 2:11) 올린 고백

"누가 우리를 그리스도의 사랑에서 끊으리요
환난이나 곤고나 핍박이나 기근이나
적신이나 위험이나 칼이랴"

(로마서 8:35)

주위와 배고픔, 숱한 조롱 속에서도
목자 없는 양같이 유리하는
인생들의 아픔을 어루만져 주신 분.

머리에는 가시관,
저주의 십자가에 달려
온몸이 찢기는 고통 중에도
마지막 호흡까지 아낌없이 내어주신 주님.

'죽음도 끊을 수 없는 사랑…'

매서운 채찍과 서슬 퍼런 칼날 앞에서도
소리 높여 주를 증거하며
주를 다시 뵈올 소망에 벅찬 희열을 느낀 제자들은
주님의 사랑과 눈물의 열매였습니다.

2부 / 누구도 끊을 수 없는 사랑

주님과 사도들의 눈물

아버지
뵈올 날을
기다리며

이 갈릴리의 새벽은 늘 고요하구나.

잔잔히 부딪히는 물결 소리
내가 이 땅에 있음을 말해 주네.
눈물이 흐르는 이 순간도
난 아버지를 부르고 있구나.

아버지는 내가 이곳에
자주 올 줄 아시어서
평온한 빛을 입혀 주시고
아버지의 마음을 녹여 두셨구나.

아, 참으로 좋구나.
아버지 뵈올 날을 기다리는 것도 참으로 좋구나.
나를 기억하며 나를 사랑하는 자들이 있다는 것도
너무 좋구나.

초기 사역을 이루신
갈릴리 지역(마 4:23) 바닷가에서 새벽녘에
잠시 쉼을 갖곤 하셨던 예수님의 마음

갈릴리 바닷가에서

아! 시원하다.

이 물은…
예전에 있던 곳의 시원함은 아니지만
내겐 그때의 기분을 회상시켜 주는구나.

하늘을 보면 지금이라도
아버지께 안기고 싶은데 소리가 들리는구나.
간절한 기도 소리….
훗날에 이곳을 찾아
나를 생각하며 발할 그 소리.
나와 같은 마음을 느끼며 간절히 기도하는 그 소리.

시간은 달라도
내 소리가 그를 알아주리니
아버지의 섭리로구나.

아, 시원하다.
이렇게 앉아
이렇듯 생각하고 돌아보니
아버지가 더욱 그리워지는구나.

내 사역의 끝,
난 그것을 향해 하루하루 가고 있는데
저들을 어찌할까, 나를 사랑하는 자들을….

아, 시원하다.
이 푸르른 물은
아버지의 위로로
내 마음에 다가오는구나.

아버지의 손길로, 아버지의 소리로….

갈릴리 바닷가

부활절 공연

구세주로서의 사명을 감당하고자
하늘 보좌를 버리고 이 땅에 오신 예수님께서
마지막 때 하나님의 섭리를 생각하며 올리신 기도

이 사역이 참으로 보람되는구나

하나하나 깨우치며
알아가는 모습에 힘을 받는구나.

어느덧 권능을, 말씀을 들어
깨우치는 자가 되었고
아버지의 마음을 조금씩 아는 자가 되어 가는구나.

인생들을 구원하며
아버지의 뜻을 전하는
이 사역이 참으로 보람되는구나.

아버지는 아셨고, 아버지는 하셨고
아버지는 이루시는도다.
늘 아버지의 사랑을 보며
인생들을 향한 이 마음을 열매로 맺네.

주님의 사랑

부활절 공연

베드로의 고백(마 16:16)을 들으며
사역에 보람을 느끼신
예수님의 마음

겟세마네 동산에서

아버지, 아버지, 아버지, 사랑하는 내 아버지,
아버지를 부르는 것으로도 마음에 쉼이 되나이다.
이곳은 그곳의 영광이 늘 있듯 그런 곳이 아님을 느끼나이다.

때로는 간절하고, 때로는 안타깝고, 때로는 마음 아픔에
아버지의 위로의 손길이 간절하나
그것도 이렇게 아버지와의 대화 속에 찾나이다.

아버지, 나의 마음은 너무나 간절하고
나의 눈으로 본 영혼들은 너무도 사랑스럽나이다.

이 넘치는 사랑을 아는 이도, 그렇지 못한 이도 있으나
나를 보내신 이유, 그것을 알기에
이 아들은 마음을 다하나이다.
아버지의 사랑을 이들에게 알게 하기 위해.

예수님께서
복음을 전하며 사역하시다가
겟세마네 동산에서 올리신 기도

내 눈물이 헛되지 않음은

아버지, 사랑하는 나의 아버지,
내 눈물이 헛되지 않음은 아버지께서
받으셔서 이들에게 은혜로 부어 주심이요
내 주림이 헛되지 않음은 이들에게 힘을 주심이며
내 마음의 아픔이 헛되지 않음은 이들에게
아버지의 긍휼이 임함이나니 무엇 하나 버릴 것이 있겠나이까.

이 아들은 좋나이다.
내가 여기 온 것을 이루어감이니
제자들은 나를 보며 자족할 줄 알고 희생할 줄 알며
아버지를 찾을 줄 알며 무릎 꿇을 줄 알며
소리 내어 기도할 줄 알며 내가 여기 없어도
나를 생각하여 힘을 낼 것이니 좋나이다.

아버지, 오늘 이 아들의 기도가
이들 귀에 외침이 되어 이들의 사역을 돕게 하소서.

겟세마네 동산에 올라
앞으로 이룰 제자들의 사역을 위해
아버지 하나님께 부탁드리는 예수님의 기도

아버지는 사랑이시라

아버지는 사랑이시라.

어느 누구 하나
구원에서 떨어지기를 원하실까.
그분의 마음은 이리도 크고 넓으신데….

불쌍한 영혼도,
이들을 향한 나의 사랑도 이러하건만….

알지 못하여 행하고 깨닫지 못해 이리하는 것을
누구를 탓하고 누구를 저주하리오.
모두가 불쌍한 인생인 것을.

나의 죽음이 이들에게 축복임을
더 많은 이들이 알아가기에
그것으로 나의 마음은 족하네.

가룟 유다(눅 22:47~48)가
이끌고 온 대제사장 무리에게 잡히시던 밤에
예수님께서 올리신 고백

사랑하는 자들에게 남기는 기도

아버지,
사랑하는 나의 아버지,
나의 사랑하는 자들에게 남기는 이 기도가
지금도 후에도 전달 전달되어지길 원하나이다.

나의 이 사역이 결코 쉽지 않은 길임을….
그러나 사랑으로 어떻게 이 구원을 열었는지,
이 아들이 홀로 있을 때 무엇을 생각하였으며

이 아들이 숨을 쉬고 있는 동안
무엇을 마음에 두었는지
이 아들이 모든 것을 이룬 후에도
어떠한 마음인지를 이들이 알기를 원하나이다.

사랑하는 이들을 두고 가나
아버지께서 보내실 이로 인한
사랑의 사역이 크오니

이들이 그것으로 인해
마음에 기쁨만 있기를, 감사만 있기를
아버지 찾는 것을 쉬지 않기를….

아버지의 뜻은 원대하시고 크시오니
이 길을 여신 아버지,

영광을 받으시며
또한 사랑하는 이들을 통해
큰 영광을 받으옵소서.

겟세마네 기도

부활절 공연

예수님께서 겟세마네 동산에서 잡히시기 전
사랑하는 이들과 제자들을 위해
올리신 기도(마 26장)

나의 사역을 정리하는 이 시간

사랑하는 모든 이들
아버지의 마음으로 만든 이들

그 사랑의 크기를
말로는 할 수 없는 그분께서
이들을 위해
행하시는 희생….

눈물의 귀함도 마음의 아픔도
이 아들은
헤아리고 또 헤아리니
무엇이라 말하며
아니 된다 하겠는가.

나의 번민도
아버지의 사랑으로 인함이니
이 땅에서의 나의 갈 길.

한적하고 고요한 이곳에서의
나의 사역을
정리하는 이 시간도
내게는 참으로 소중하구나.

볼 수 있어 새길 수 있었고
마음이 있어 느낄 수 있었고
들을 수 있어 담아둘 수 있었던
이곳의 많은 일들….

나의 마음, 나의 사랑
한이 없이 흘러넘치는구나.

밤새 이곳저곳 끌려다니며
심문을 받으신 예수님께서(요 18:12~28)
십자가를 지기 전, 잠시 사역을 정리하실 때의 고백

아버지여, 슬퍼하지 마소서

아버지여,
마음 아파하지 마소서.

아버지의 사랑하는 아들이오나
인생들의 죄를 대속하기 위한 길을
걷고 있는 것뿐이오니
아버지여, 슬퍼하지 마소서.

내 마음에 깊이 있는 아버지를 향한
이 아들의 마음을 아시오니
슬퍼하지 마소서.
모든 것이
아버지의 섭리 속에 이루어짐이니이다.

아버지의 영광이
이 아들의 영광이 가득하리니
아버지여, 슬퍼하지 마소서.

저기 나를 위해 우는 자들을
기억하소서.
나의 이름으로
아버지의 뜻을 이룰 자들이오니
아버지의 약속하신 대로
그들을 붙드소서.

내 이름으로
구원의 길이 열리나이다.
아버지의 사랑이 펼쳐지나이다.

무거운 십자가를 지고
골고다를 향해 오르면서도(요 19:17)
마음 아파하실 하나님을 위로하시는 예수님의 고백

나를 위해 우는 자들이니이다

아버지,
보시나이까?
나의 사랑하는 이들을.

하나는
나 없이 못 산다 하는 이요
하나는 저 인파 끝에 서글피 우는 자요

하나는 실신 직전에 이른 자요
하나는 슬픔을 참고 있는 자요
또 하나는 두려움이 많은 자니

이들 하나하나를
기억하소서.

다 나를 위해
우는 자들이니이다.

각각의 사명이 있고
아버지의 일들을 이룰 자들이니
이들을 기억하소서.

나는 여기에
이들은 저기에 있사오나
나와 하나요, 아버지와 하나이니
저들에게 주실 약속
능력이 되어지니이다.

십자가에 못 박혀 극심한 고통 중에도
자신의 죽음을 슬퍼하는 여인들과 제자들을
살피시는 예수님의 기도

아버지, 눈물을 거두소서

아버지,
이 아들의 눈엔 눈물이 가득하오나
저들에 대한 사랑이니
이 눈물이 또한 아버지의 사랑이 되나이다.

피로 범벅인 시야 사이로
나의 사랑하는 이들을
보고자 하나 보이지 않음은
저들이 가까이 있지 않은 것뿐이나이다.

여인들의 울음소리는
왜 이리 크게 들리는지
가슴을 파고드나이다.

아버지,
이 아들은 아버지의 마음이 어떠신지
아버지의 사랑이 어떠신지
너무 느끼나이다.

기뻐하소서.
아버지의 섭리가 이루어지는 귀한 날이며
많은 이들이 살아날 수 있는
귀한 날임이니
이 아들은 감사뿐이나이다.

아버지, 눈물을 거두소서.
기뻐하소서.
아버지의 사랑이 드러나나이다.

곧 있으면
아버지께 가오니
아버지여, 슬퍼하지 마소서.

십자가 처형으로 온몸이 찢기며
피를 흘리는 고통 중에도 아버지 하나님을
위로해 드리는 예수님의 고백

반드시 열매로 나올 일, 기뻐하소서

아버지, 당연한 것이니이다.

아버지 나라를 위한 것도
영혼들을 위한 것도
근본된 마음이
이렇거늘
어찌 희생을
버겁다 할 것이니이까.

당연히 가는 것이고
해야 될 일일 뿐 아니라
이 아들에겐 영광이나이다.

아버지는 약속하셨나이다.
세세토록 사랑하는 이들과 함께
영원한 행복을 누리자 하셨나이다.

우리와 같은 마음을 지닌 자들을 만들어
우리처럼 선하고 사랑을 발할
자녀들을 하나가 아닌
많은 이들이 하하호호 하며
아버지의 아름다운 공간에서 함께하자는 그 약속.

그 아름다우신 약속을
지키는 일을 하는 것이니
행복하고 기쁜 일이나이다.

아버지, 아직은 인생들이 아버지의 선을
십자가의 사랑을 이해하지 못하나
반드시 열매로 나올 일,
기뻐하소서.

십자가 고난 중에도
장차 선한 자녀가 무수히 나올 것을 바라보며
하나님을 위로하시는 예수님의 고백

엘리 엘리 라마 사박다니

숨을 쉴 때마다
살과 뼈에 느껴지는 이 고통.

내가 지금 무엇을 하고 있는지
잊을 만큼 흐릿한 기억.

눈으로 들어오는 핏줄기가
눈을 따갑고 아프게 해도
자꾸만 보게 되는
나의 사랑하는 영혼들.

눈을 끔뻑거리며 자세히 보고자 하되
내 손으로 눈조차 닦을 수 없고
손가락 하나도 움직일 수 없는…
은연중에 움직인 손가락이
전달해 주는 고통.

정신을 잃을 것 같은 순간순간
내 아버지를 부르고 싶은
나의 간절함.

이제는 숨마저 쉬어지지 않는
이 고통 속에
나는 마지막 힘을 다해
하나님을 부르네.

내 사랑하는 영혼들을 위한
나의 마지막 힘.

예수님께서 온 인류의 죄를 대속하고자
십자가 처형을 당하시면서도 마지막 힘을 다해
하나님께 올린 고백(막 15:34)

눈물로 대신할 수 없는 고통

이렇게
마음이 아플 수가.

과히 이렇게 큰 고통이…
이 눈물로
대신할 수 없도다.

악이란 것
육이란 것, 이 어두움을 보는 것은
참으로 고통스럽도다.

아버지의 마음

부활절 공연

예수님이 십자가 처형을 당할 때(마 27:50)
차마 볼 수 없어 고개를 돌리며
눈물 흘리시는 아버지 하나님의 애절한 고백

내 아들의 사랑의 깊이

사랑이 그 빛을, 그 진가를 발하니
저것이 나의 근본의 마음.
희생으로 사랑을, 공의로 사랑을 비춤이여.

떨어지는 피가 나의 아들의 피,
육의 공간에 있다는 증거.
악의 깊이가 육의 공간에 저리도 확연히 드러날까.

애처로운 영혼들이여,
달려 있는 내 아들의 사랑의 깊이가
어떠함을 알지 못하는도다.

나의 아들이 열어놓은 사랑의 길이
나의 경작을 아름답게 하는구나.

십자가 사랑으로 열리는 구원의 길이
참된 사랑의 길(롬 5:18)임을 알려 주시는
아버지 하나님의 고백

내 주여, 내 주여

– 동정녀 마리아의 고백

저분이 누구인가.
주의 사자가 말한 저 귀한 분이
왜 저 모습이 되셨는가.

저분이 자라오시며
내게 주신 기쁨과 은혜가 한이 없는데
저 귀한 분이 왜 저렇게 계시는가.

내가 감히 그분의 얼굴도
손도 쉽게 여기질 않았거늘
그 누구보다도 소중히 귀히 여겼거늘
어찌 저 모습이 되셨단 말인가.

저 귀한 분에게 지운
저 십자가는 무엇이고
저 귀한 분의 얼굴에 흐르는
저것은 무엇이란 말인가.

어찌하나 어찌하나
말도 아니 나오고
눈물도 의미가 없고
내가 무엇으로 지켜 드린단 말인가.

주변에 이 많은 사람들이
저분을 모른단 말인가.
아버지의 아들을
어찌 이렇게 할 수 있단 말인가.

내 주여, 내 주여.
내 마음이 찢어지는 이 고통을
어찌하리이까.

십자가 지신 예수님을
뒤따르며(눅 23:27) 오열하는
동정녀 마리아의 고백

그 이름만 불러도 아리는 내 마음

– 막달라 마리아의 고백

주…
내 주, 그 이름만 불러봐도
아리는 내 마음.

감히 부를 수 없는 존귀하신 분.
나 같은 이가
그분의 은혜를 입어
오늘날 그분의 영화로움을 증거하다니….

보잘것없었고
누구 하나
나를 귀하다 하지 않았거늘

그 존귀하신 분은 나를
귀하다 하시고
소중히 여겨 주셨네.

내게 주신 약속, 엄청난 영광
나는 아네.
그분의 사랑을….

내가 드린 것은 아무것도 없지만
주를 향한 내 마음을
가장 값진 것으로
인정해 주시고
내게 천국 새 예루살렘을 주셨네.

나는 기다린다네.
내 이름을 불러 주실 그 소중한 날을….

주님 내 주님

부활절 공연

부활하신 주님을 가장 먼저 뵈었던(요 20장)
막달라 마리아가 주님께서 당부하신
사명을 감당하며 올린 고백

그날의 일들을 생각하면

– 베드로의 고백 1

아버지, 내 아버지….
그날의 일들을 생각하면 눈물뿐이나이다.

나를 살리시고 나를 구원하시며
나에게 좋은 것으로만 주시고자 하셨던 주.
그분의 그 사랑으로 결국 아버지의 긍휼하심을 입어
오늘날 아버지의 사랑을 느끼며
나 자신의 존재를 깨달았나이다.

참으로 부끄러운 나의 모습이었으나
아버지는 권능을 행하는
그런 사도의 길로 이끄셨나이다.

아버지, 내 아버지….
부르기만 하여도 아버지의 사랑이
구구절절이 눈물로 나오나이다.

베드로의 고백

부활절 공연

예수님을 부인했던 베드로(눅 22:54~62)가
회개한 뒤 권능의 사도가 되어
충성하며 올린 고백

"스쳐가는 바람 소리였을 뿐인데
그 소리에 주님을 기다리는 내 마음이
주이신가를 생각했나이다.
적막한 밤이 되어 주에 대한 생각에
한없이 밀려드는 그리움과
지난날의 생각에 눈물이 나나이다."

–『고백』 책자 중에서
사도 베드로가 일과를 마치고
주님을 그리워하며 올린 고백

이제 주님을 만날 준비를 해야지

– 베드로의 고백 2

주의 뜻이
이곳에 있으니
어찌 아니 기쁠까.

주의 뜻대로
살아간다는 기쁨,
이것을 저들이 어찌 알겠는가.

목숨을 연명하고
부지하는 것이
무슨 의미가 있으리오.

주의 종답게 주의 뜻을 받들어
이 길을 가는 것이 더없는 영광이거늘.
난 알지. 내 주의 마음을
그분의 선하심을, 사랑을….

주님의 십자가,
보고만 있었던 나의 모습도
나 잊은 적이 없었지.

이제 주께서
펼치신 섭리 안에
이 미천한 자의 핏값을 더 얹을 뿐.

나는 행복하네.
이제 주님을
만날 준비를 해야지.

그분의 품에 안길 준비,
생각만 해도 가슴이 벅차구나.

사도 베드로가 순교를 앞두고
주님을 만날 준비를 하며
가슴 벅차 올린 고백

아무것도 두렵지 않네

– 야고보의 고백

어떠한 것도
주의 사랑을 끊을 순 없네.
세상의 권력이 주의 사랑을 막을 순 없지.

저들은 이해하지 못하네.
내 주의 사심을, 그 사랑을.
무엇을 위하여 목숨을 내놓는가 묻는다면
난 이렇게 말하지. 주의 사랑으로,
주의 영광을 위해.

아무것도 두렵지 않네.
오히려 주께 드릴 수 있는
내가 되어진 것이 자랑스러울 뿐.
어서 내 목을 가져가라!

순교의 길

부활절 공연

주님의 제자 중
가장 먼저 순교한 야고보(행 12:1~2)가
칼에 목 베임을 당하기 전 남긴 고백

영광의 길을 가게 되었구나

- 안드레의 고백

주님의 이름으로 주님의 말씀을 전하며
나의 때를 알차게 보내었구나.
나 또한 주의 길을 따라 주님 품에 안기니
이런 영광이 내게 임하게 하시는구나.

내게 허락된 시간 속에 내가 한 일이
주의 영광이길 늘 기도했었는데
이제 그 영광의 길을 가게 되었구나.
아무 미련도, 아무 두려움도 내겐 없네.

다른 어떤 이들처럼 목숨을 연장하고자 하는
조금의 생각도 내겐 없네.
아무리 매서운 채찍도
오히려 주의 사랑을 더 확신시킬 뿐.
이제 주님의 품으로….

베드로의 형제 안드레(요 1:40)가
주의 이름으로 말씀을 전하다가
순교하기 직전 남긴 고백

들으라, 어찌 이 진리를 외면하리오

- 빌립의 고백

들으라, 나의 외침을….
귀가 있을진대 어찌 이 진리를 외면하리오.
주의 사랑은 우리에 대함이요,
영생을 위함이니 천국이 있음을 들으라.

어리석은 이들이 되지 말고 영생을 얻으라.
심판을 두려워하며
다시 오실 이를 사모하라.
주를 영접하라. 그분은 참이시며
빛이시니 우리에게 유익하다.

주여, 나의 주여, 내게 보이시나이다.
어찌 이 미천한 자를 맞이하시나이까.
그리 뵙고 싶고 뵙고 싶던 주여,
이제 이자가 주의 품에 안기나이다.

사도 빌립이 순교하면서
숨이 멎을 즈음,
주님의 모습을 보며 남긴 고백

이 외침은 참이거늘 안타깝도다

– 마태의 고백

나를 죽인다고 해서 달라질 것은
아무것도 없거늘
오직 주의 나라는 왕성하여
이 천국의 아름다운 복음은 계속하여
전해질 것이로다.

내가 외치는 이 외침은 참이거늘
듣지 못하는도다.
안타깝고 안타깝도다.

주의 영원하심과 위대하심을
찬양하리로다.
그분은 참이시요, 빛이시니
귀 있는 자는 들을지어다.

주님의 제자 마태(마 9:9)가
천국 복음을 외치다가 순교 직전에
담대하게 외친 고백

주여! 이제 주를 만나러 가나이다

- 시몬의 고백

내 살아생전에 주를 만난 것이
얼마나 영광이었던가.
그분의 말씀은 참이셨고 사랑이셨네.

어리석은 나의 모습을 보게 하셨고 깨닫게 하셨고
사랑으로 변화시키셨으니
그분의 마음이 그려지는구나.
그때 열심히, 좀 더 열심히 주를 따라 행했다면
주의 마음에 시원함을 드렸을 텐데….

그래도 주의 사랑으로
내게 이 귀한 사명을 주시고
이제 영광 중에 주의 품에 안기게 하시니
영광, 영광이로구나!
주여! 이제 주를 만나러 가나이다.

주님의 열두 제자 중
가나안인 시몬이 복음을 전하다
순교하면서 남긴 고백

주의 사랑에 눈물, 눈물뿐이오니

- 도마의 고백

희미하게 보이는 주를 보나이다.

사랑하는 주여,
너무 그리웠나이다.
이 같은 자를 영접해 주셨나이다.
이자가 무엇이관데 이리도 소중히 여기시나이까.

주의 품에 안길 자격도 없는 나에게
주의 이름으로 순교케 하사
나의 이 모든 허물을 덮으시나이다.

주의 사랑, 주의 따사로움에
눈물, 눈물뿐이오니
주여, 감사드리나이다.
주의 사랑으로 주의 품에 안기나이다.

의심 많던 제자 도마(요 20:25)가
변화되어 복음을 전파하다가
순교하기 직전에 남긴 고백

그분의 사랑을 찬양하네

- 나다나엘의 고백

주의 가신 길, 사랑의 길
그 길을 내가 가고 있네.

주의 사랑은 크셔서
우리를 살리시네.

그분의 사랑을 찬양하네.
나의 주 그분의 이름을.

영광이라네, 영광이라네.
이 길을 가는 자, 주의 사랑이라네.

주의 따사로운 품에 안기는 영광
그 영광이 내게 있네.

빌립의 전도로 주님의 제자가 된
나다나엘(요 1:45~49)이
순교하면서 부른 찬양

마지막 호흡이 남았을 때

– 맛디아의 고백

주여!
주시나이다.
내 주를 뵈옵나이다.

흐릿하게 보이나이다.
내 주시나이다.
이 영광을 마지막 호흡이 남았을 때
느끼게 하시나이다.

주여!
내 몸을 일으키나이다.
주의 손을 잡나이다.

가룟 유다 대신 열두 제자에 들어온
맛디아(행 1:22~26)가 순교하면서
마지막으로 올린 고백

기름에 던져진들 두려울까

– 사도 요한의 고백 1

허허….
기름에 던져진들 두려울까.

저들은
우리의 믿음을 알지 못하니
주에 대한 사랑인 것을….

이 땅에서의 생명은
전부가 아니요
영원한 영생이 있거늘
우린 그것을 영광으로 얻네.

주의 가신 길도 우리의 사랑이요
주의 제자들의 길도
영혼들에 대한 사랑이니
무엇이 두려울까.

어느 누구도
그분의 앞에는 미천한 존재.

우리를 핍박하고 죽인다 해서
주의 사랑이
주의 권세가 없어지지 않네.

다만 우리에겐
영원한 상급이 기다리며
주의 따사로운 품이 기다리니
아무것도 두려울 것이 없도다. 허허….

로마 도미티아누스 황제 때
극심한 핍박을 받은 사도 요한이
끓는 기름 가마를 바라보며 남긴 고백

마지막 때의 일들로 인해 부르짖나이다

- 사도 요한의 고백 2

주여, 주여
이렇게 큰일들을
내게 보이시나이다.

이전에도 본 일이 없는 이 일들이
이 땅에 펼쳐지다니
이런 마지막 때의 일들로 인해
더 부르짖나이다.

아버지의 사랑이 이 가운데 있어
많은 일들이 일어났고
아버지를,
주를 증거하며
아버지의 뜻을 펼쳐옴이나이다.

때가 이르러 아버지의 나라가 임하며
아버지의 심판이 임하는
이 일들이 과히 크나큼이니
어찌 이 일들을 다 기록하리이까.

아버지의 마음이 이곳에 있음이요,
주여, 내 주여,
주를 만나 내게 주신 사명을 감당하며
이곳까지 이르렀으니 무엇을 더 바라리이까.

오늘도 몸부림치는 이 기도를 받으소서.

밧모 섬에 유배된 사도 요한이
마지막 때에 대해 깊은 계시를 받기까지
이마에 굳은살이 박이도록 몸부림치며 올린 기도

내 두 눈에 눈물이 고임은

– 사도 바울의 고백 1

주여,
내 두 눈에 눈물이 고임은

내게 주신 이 사명을 다 감당한 후
주에 대한 나의 그리움이
사무쳐 눈물로 나오는 것이니….
이제야 내 주의 품에 이자가 안기나이다.

너무나 그리웠나이다.
주의 품에 안길 날을 소망하며
하루하루를 보냈나이다.
아무것도 문제가 되지 않았나이다.

주께서 이 땅에서 겪으신 일을 생각하면
나는 아무것도 아니니
주께서 계시기에
이 모든 사명을 감당할 수 있었나이다.

이렇게 따뜻한 내 주님의 품,
이 땅의 삶의 모든 것이
내겐 영광이 되었나이다.

어떠한 고통도, 괴로움도
주에 대한 사랑으로,
영혼들에 대한 사랑으로
감사하였나이다.

사랑하는 내 주의 일을
할 수 있는 감사가
내겐 늘 있었으니
감사, 감사뿐이니이다.

순교

부활절 공연

숱한 핍박에도 복음 전파에 앞장선
사도 바울(고후 11:23~27)이 포승줄에 묶여
처형장으로 가면서 올린 고백

주의 품으로 달려가나이다

- 사도 바울의 고백 2

나의 주, 내 주
그립고 그립던 내 주
내 주님이 날 기다리시네.

그 온화한 미소, 넓으신 그 품
얼마나 기다렸던 순간인가.

내가 누구로 인해
이런 영광의 길을 간 것인데
그분 바로 내 주가 나를 기다리시네.

눈이 부실 만큼 아름다우신 그분
그 광채가 나의 마음을 녹이네.
주여, 내가 주의 품으로 달려가나이다.

너무나 뵙고 싶었던 주님을
이제 곧 뵈올 수 있다는 소망으로
당당히 참수터로 향해 가는 사도 바울의 고백

난 후회함이 없다네

- 사도 바울의 고백 3

많은 날들이 잠깐처럼 지나
어느덧 주를 만날 시간이 되었네.

내가 사는 동안 내 사랑의 주를, 내 아버지를
난 얼마나 전했는가 내 모습을 돌아보네.
그러나 난 후회함이 없다네.

내게 주신 사명,
난 늘 귀히 여겨 그 사명을 목숨처럼 여겼지.
나는 행복한 이 길을 가지만
영혼들에 대한 염려는 그치질 않는구나.

하지만 주께 이들을 맡기고
나는 주의 부르심을 받아 기쁘게 이 마지막 길을 걷네.

이방인 선교에 앞장섰던 사도 바울이
모든 사역을 마치고(행 20:24)
순교 직전 평온한 마음으로 올린 고백

나는 다 주고 다 주리라

이들이 내 사랑을 알 수 있다면
이들이 아버지에 대한 사랑도 알 수 있다면
나는 다 주고 다 주리라.

내게 아끼는 것은, 소중한 것은 단 하나
아버지에 대한 마음.
그 마음조차도
이들에게 보이고 또 보여서라도
아버지에 대한 사랑을
내 마음 깊이 있는 이 사랑을 알 수 있기를.

간절하구나
이들에 대한 나의 마음이….

아버지 하나님의 크신 사랑을
수많은 영혼에게 보여 주길 원하셨던
주님의 간절한 고백

내 마음에 담긴 깊은 사랑

다 줄 수만 있다면
무엇이든지 다 줄 수 있건만,
이들에게 더 좋은 것을 아버지께서 잘 아시나니

내 마음의 이들에 대한 사랑이
깊이 전달되기를 원하는 내 마음.

따뜻한 말에
따뜻한 눈빛에, 따뜻한 손길에
나의 사랑만이 있다 생각하지 말기를.

나의 입술에 나오는 이들에 대한
내 마음에 담긴 깊은 사랑을 알기를….

영혼들에게 항상 좋은 것만 주신 사랑,
책망조차도 간절한 사랑이었음을
깨닫기 원하시는 주님의 마음

영광으로 거두시네

내 사랑이 헛되지 않도록
내 눈물이 헛되지 않도록, 내 희생이 헛되지 않도록
아버지는 지금의 이 악한 세대 가운데 그 빛을 발하시네.
아버지의 마음은 크셔서 아들의 희생의 대가를
영광으로 거두시네.

내가 아무 말 하지 않아도, 내가 뭐라 하지 않아도
나의 사랑을 너무나 잘 아는
아버지의 사랑하시는 아들이 있음에
내 마음에 감사뿐이네.

이 아름다운 처소들, 이곳에 많은 이들이 들어오기까지
멈추지 않는 사랑하는 아버지 아들의 사역, 그 희생
훗날 내가 이 아들을 만날 때 마음껏 표현해 주리.
고맙다고, 나의 희생을 영광으로 맺혀 줘서.

십자가 사랑으로 거두는 값진 열매,
수많은 영혼이 성결되어
영광의 열매로 나오니 고맙다는 주님의 고백

난 항상 네 곁에 있어

난 항상 네 곁에 있어
너의 소릴 들어 주었고
너의 눈에 눈물을 거두어 주었고
너의 마음을 어루만져 주었구나.

나의 핏값으로 산 너를
어찌 귀히 여기지 않으리오.

네가 나의 이름으로 아프면 나도 아팠고
네가 나의 이름으로 기쁘면 나도 기뻤고
네가 나의 이름으로 핍박받으면 나의 핍박이 되었구나.

네 형편을 알고 항상 네 곁에서
너를 보고 있는 나의 사랑이
더욱 진하여지기를….

신앙의 여정 중에 좁은 길을 갈 때
울며 기도하는 어느 성도에게
들려주시는 주님의 고백

나는 너희들을 사랑하는 주시라

사랑하는 자들이여,
나는 내 죽음이
사랑하는 이들에게
마땅히 주어야 되는 것이라 생각하였도다.

나는 너희들이
나를 찾지 아니할 때에도
나를 찾기를 기다렸고
많은 기회를 통해 나를 알렸도다.

나는 버려두지도, 버리지도 아니했고
내 마음 절절히 있는 내 사랑을
모든 방법으로 너희들에게 알렸도다.

이제 나의 이 사랑의 희생을
헛되게 하지 않기를 바라고 바라노라.

나는 너희들을 사랑하는 주
세상이 줄 수 없는
소중하고 아름다운 사랑을 주신 주라.

나는 너희들을 위해
무거운 십자가도
매서운 채찍도
모욕스런 말들도 개의치 않았으니

내 이 사랑을 기억하여
너희들에게 약속하신
이 약속의 열매가 되기를
간절히 원하노라.

주님의 부활

부활절 공연

십자가 사랑을 기억하여
아름다운 열매들로 나오기를 원하시는
주님의 메시지

"내가 예수 그리스도의 심장으로
너희 무리를 어떻게 사모하는지
하나님이 내 증인이시니라"

(빌립보서 1:8)

하루 또 하루
오직 하나님의 영광이 드러나기를 간구하며
쉼 없이 달려온 세월…

생명보다 소중한 영혼들이 죄에서 돌이키기를,
아버지 하나님의 마음을 깨닫고
그 뜻대로 살아가기를
몸부림치며 간구했던 애통의 나날들…

이 눈물은
보석처럼 빛나는 열매를 맺으며
아버지 하나님께 깊은 위로와 행복을 안겨 드렸습니다.

3부 / 눈물은 보석이 되어 흩날리니

하나님과 목자의 눈물

웃음이
저절로 나나이다

아버지,
아버지께서 계시어서
늘 이 아들을 이끄시니 얼마나 행복한지요.

아버지를 생각하며
기쁘시게 해 드릴 생각만 하면
웃음이 저절로 나나이다.

아버지 말씀을 듣는 것, 너무 감사한 일이며
아버지 일을 하는 것, 너무 영광 되나이다.

아버지, 아버지…
또 부르고 불러도 너무 좋은 내 아버지.

초신자 시절,
아버지 하나님의 사랑을
구구절절 마음에 새기며 올린 목자의 고백

아버지, 아버지, 내 아버지

아버지,
아버지, 내 아버지.
부르고 또 불러도 한이 없네.
아버지를 부를 때는 행복하나 그 뒤에 밀려오는 공허함.

내가 아버지를 믿고 지금에 이르기까지
아버지의 도우심이 늘 있었거늘
지금의 내 모습 속에 아버지와 떨어져 있는 듯 느껴지는
이 마음이 나를 힘들게 함이니

아버지의 뜻에 따라
더 많은 권능을 베풀며
아버지를 보이기 위한 나의 믿음의 행함이
오히려 기쁨과 감사가 돼야 하는데 내 마음의 공허함이여.

주의 종으로 부름 받은 후
생명을 걸고 40일 금식 기도 중
아버지 하나님께 올린 목자의 고백

내 모든 것을 다 드림이니

아무것도 할 수 없는 나를 사랑하시어
아버지의 종으로 세우심이여.

아버지의 사랑
주의 사랑이
나를 있게 하신 것같이
아버지의 뜻만을, 주의 뜻만을 이루기를
오늘도 바라고 또 바라네.

내가 가진 것은 아무것도 없으나
아버지의 부르심에
내 마음을
내 모든 것을 다 드림이니
아버지의 뜻만을 난 바라네.

그분이 주신 그 큰 사랑을….

주의 종으로 부르신 사랑에 감사하여
모든 것을 드리며 하나님의 뜻만을 바라고
이루기 원하는 목자의 고백

너무 기뻐 눈물이 나나이다

아버지,
많은 영혼들을 살리시나이다.

이 귀하고
보배로운 말씀을 들으며
살아날 영혼들을 생각하니
너무 기뻐
눈물이 나나이다.

아버지께서 알려 주신
이 귀한 말씀에
이 아들도
힘을 얻으며
감사가 넘치나이다.

앞으로 우리 모든
사랑하는 이들이 가야 할 처소,
너무도 아름다운 천국.
눈앞에 그려지나이다.
아버지, 감사드리나이다.

너무도 가고 싶은 곳,
때가 되기까지
참고 견디며
인내하고 기다리며
행복한 마음으로
아버지의 섭리를 이루겠나이다.

사랑하는 아버지, 나의 아버지.

천국에 관해 자세히 풀어 주셨을 때
장차 이 말씀을 듣고 살아날 영혼들을 생각하며
하나님께 감사드리는 목자의 고백

아름다운 영의 세계, 모두가 볼 수 있다면

아버지의 아름다운 세계.

그 아름다움을
이들이 보며 체험할 수 있다면….

모든 것을 다 이기며
갈 수 있다는 마음으로
이 아들은 영의 세계를 뚫어 왔나이다.

육신의 생각으로는
도무지 이해되지 않기에
핍박이 없으리라 생각하지는 않았지만….

이 아름다운 영의 세계,
아버지의 마음이 더 알려지길 원하는
이 아들의 마음이
가리어지지 않길 원합니다.

모두가 볼 수 있다면,
모두가 갈 수 있다면 얼마나 좋을까?

아버지의 신비로움을,
오묘하심을 안다면
얼마나 좋을까?

늘 한결같은 마음으로
달려가나이다.

무한한 영의 세계를 전하며
성도들의 믿음 성장을 위해서라면
어떤 오해나 핍박도 감내한 목자의 마음

아버지께서 원하시는 믿음이 되기를

아버지, 내 아버지.
항상 아버지는 이 제단을 통해
영광을 받으셨고, 큰 권능을 행하시며
아버지의 살아 계심을 늘 보여 오셨나이다.

아버지의 진리의 말씀이 사랑임을
이 아들은 늘 보여 왔나이다.

또한 이들이 아버지께서 원하시는
믿음이 되기를 늘 마음으로 간구하며
많은 일들을 보여 왔나이다.

이들의 믿음 또한 이러한 권능을 행하기를
아버지의 보장을 받으며 축복받기를
간구하며 아버지를 부르나이다.

오직 성도들의 영혼이 잘되기를,
하나님 영광이 드러나기를
기도하는 목자의 고백

애통이 눈물 되어 흘러내리네

내 마음의 애통이
눈물이 되어 끊임없이
흘러내리네.

흘려도 흘려도
마르지 않는 이 눈물이
내 사랑하는 영혼들에게
은혜와 능력이 되기를.

내가 아버지 앞에
부끄럽지 않았으니 아버지의 사랑이
이들에게 은혜로 입혀지기를.

범죄한 영혼들을 위해 중보 기도하며
끊임없이 흘린 애통의 눈물이
은혜로 입혀지기를 원하는 목자의 고백

그 사랑의 힘으로

아버지여, 감사를 드리나이다.

아버지께서는 늘 신실하셨고,
이 아들의 기도를 그 마음에 담으심을
이 아들에게 보여 주셔서

이 아들에게 맡긴 영혼들을
잃지 않게 하심에
감사드리나이다.

아버지를 만나 지금까지
내 안에 늘 함께 계셨던
아버지의 사랑을
조금도 변치 않게 하시고

그 사랑의 힘으로
모든 것을 보게 하셨고
항상 아버지의 뜻대로만 가게 하셨나이다.

아버지의 사랑의 마음을
이 아들을 통해
이루심에 감사를 드리나이다.

비로소 이 아들의 마음이
아버지에 대한
민망함을 거두게 되었나이다.

아버지의 뜻을 이루시고
보이시니
감사를 드리나이다.

중보 기도를 통해 죄 사함의 은혜를 주신
아버지 하나님께 너무나 감사하여
올리는 목자의 고백

그처럼 애절히도 가르쳤건만

아버지, 내 아버지.
많은 눈물이 흐르고 또 흐르고 멈추질 않나이다.

앉아도 눈물, 서도 눈물, 밥을 먹어도 눈물,
내가 무엇을 했는지….
내 사랑하는 양 떼들을 소중히 지키며
세상을 끊고 아버지를 사랑하기를
그처럼 애절히도 가르쳤건만.

무엇이 잘못됐을까?
내가 무엇을 잘못 가르쳤을까?
다시 생각하고 또 생각해도 눈물만 나올 뿐….
시원함이 임하지 않으니 너무도 답답하고
아버지께 죄송할 뿐이니 이 마음을 어찌할꼬….
아버지, 내 아버지!

범죄한 이스라엘 백성을 위해
애타는 심정으로 중보 기도한 모세(출 32:32)처럼
양 떼를 살리기 위해 몸부림치는 목자의 고백

그리움이 하늘에 닿고도 남음이니

뵙고 싶단 말이 무슨 필요가 있나.
너무 뵙고 싶은 것을
주님께서 아버지께서 내 앞에 계시면
눈물만이 나올 것을….

어찌 내 마음의 사무침을 표현하리.
다른 공간에 있다는 것이
바로 그리움이거늘.

어서 속히 오시라 기도도 못하네.
준비 못한 영혼들을 생각하니….

내 그리움이
하늘에 닿고도 남음이니
눈물만이 흐르는구나.

기도처에서 성도들을 위한 공의를 채우기 위해
사랑으로 견디며 아버지 하나님을
그리워하는 목자의 고백

아버지의 눈물을 앎으로

아버지, 아니 되나이다.
다 이 아들의 잘못이니 이 아들을 치소서.
이렇게 드리는 이 고백조차도
아버지의 아픔이 됨을
이 아들은 아나이다.

아버지의 깊으신 마음은
살리시고자 함이요
좋은 것을 주시고자 함이요
변화시켜 온전한 곳으로
인도하시기 위함임을 아나이다.

아버지의 눈물,
그 흘리신 눈물의 크기를 앎으로
이 아들은 지금의 이 징계의 칼이 두렵지 않나이다.
아버지의 사랑의 마음으로 느껴지나이다.

이 아들과 함께한 이들을
살리시고자 하는
아버지의 마음을 보여 주시고
알게 하시기 위함을….

사랑하는 영혼들이
알고 느끼므로
영광으로 나올 것을 믿나이다.

범죄한 영혼들을 대신하여
목자가 영적인 징계의 칼을 받으며
아버지 하나님께 올린 고백

일흔 번에 일곱 번이라도

아버지, 아버지…
이런 많은 죄들, 있을 수도 없고
입에 담을 수도 없는 이런 많은 악들
어떻게 아버지께 감히 사하여 달라 간구할 수 있겠나이까.

그러나 어찌하리이까. 이 아들의 마음은
살리고 싶은 마음뿐인 것을요.
밉지도 않고, 버리고 싶지도 않고, 왜 그랬냐고
도대체 믿음이 있는 거냐고 따지고 싶지도 않고
그저 아버지께서 용서해 주시길 바라는 마음뿐인 것을요.

너무나 죄송하고 민망한 마음이나
감히 아버지께 이들을 사하시라 간구하며
매달리고 싶은 이 아들의 마음을 아버지께 올리나이다.
아버지는 말씀하셨지요. 용서하라고, 미워하지 말라고
일흔 번에 일곱 번이라도 용서하라 하신
그 말씀을 붙잡나이다.

절대로 용서할 수 없는, 사함 받을 수 없는 죄라 할지라도
아버지는 길을 내사 사하시기를 바라시는
한이 없으신 사랑이심을
이 아들은 아나이다.

안 되는 것을 되게 하는 이 일이
어떠한 대가로 오게 될지
이 아들이 생각하지 않고
아버지께 간구하나이다.

다 사랑스런 아버지의 영혼,
내게 맡겨 주신 양 떼.
아버지 원하시는 열매가 되기까지
이 아들은 짐이 아닌
사랑하는 마음으로 감당하리이다.

도저히 용서받을 수 없는 죄를 지은 영혼들이라도
포기하지 않고 용서해 주시라고(마 18:21~22)
간구하는 목자의 사랑의 깊이

할 수 있는 길을 찾아

아버지,
아버지의 일들을 해 나가다 보면
이런 일 저런 일을 보나이다.

아무것도 아닌 일로 시험 드는가 하면
자기의 악으로 인해 속상해하며
절망하는 양 떼도 있고
충성하다가 변질되는가 하면
목자님 사랑한다고 부르다가도
세상을 사랑한다 합니다.

그러나 이 모든 것이 다
참마음을 이루기 전에는 있을 수 있는 일
이 아들이 목자로서 당연히 도와야 하는 일
행복한 길, 할 수 있는 길을 찾아 주고 제시해 주는 일.

그러나 감사한 것은
이제는 저 혼자가 아닌 많은 이들이
함께하고 있나이다.

늘 기다려 주고 믿어 주며 참아 주고 인내해 주는 길이
어려운 것만은 아닌 참의 열매를 내는 길임을
증거로 나타날 때의 기쁨은
말할 수 없나이다.

아버지,
참으로 감사합니다.
이 아들이 아버지의 마음을 닮게 하심을
그 사랑으로 모든 것을 이루어가게 하심을….

악을 행하는 영혼이라도 용서하며
어찌하든 기회를 주어 살릴 수 있는 길을 찾는
목자의 사랑의 깊이

아버지 뜻을 찾기 위해 보낸 세월들

아버지,
제일 어려운 것은
아버지를 의지하지 말라 하신 것.
내가 가진 근본대로 운행하며
행하라 하셨던 지난날들.

어떻게 해야 되는 건가
잘 알지 못했을 때
아버지의 뜻을 찾기 위해 보낸 세월들.

지금 와서 생각해 보면
아버지는 참으로 크신 분이시고
대단하신 나의 아버지이시나이다.

그런 아버지를
이 아들은 믿고 순종하며
아버지 마음을 이루기 위해 살아왔던 날들이
참으로 영광 되나이다.

사랑이 많으신,
많다는 표현보다는 한이 없으신
아버지의 마음을
이 아들을 통해 보이신다는 것도
참으로 감사한 일이오나

아버지 사랑이 이 땅에 펼쳐져
많은 이들을 구원으로 이끌며
참 자녀로 만드시는
그 섭리가 감동이 되나이다.

아버지는 나의 아버지,
사랑하는 이들의 아버지.
그 아버지의 사랑 안에서
우리는 아버지를 사랑하며 가나이다.

아버지 하나님의 마음과 뜻을 찾아
오직 사랑으로 참으며 영혼 구원에 힘써온
목자의 사랑의 깊이

사랑스럽고 귀한 양 떼들

사랑스런 양 떼들, 귀한 양 떼들
아프지 않고 어렵지 않고 힘들지 않기를 늘 간구하나이다.
가장 좋은 길을 제시하고 갈 수 있도록 힘 주고 행복해하며
아버지를 사랑하고 참마음을 일궈갈 수 있도록
그것이 이 아들이 사랑하는 양 떼들에게
주고자 하는 마음이나이다.

좋은 점도 많고 칭찬해 줄 것도 많은 영혼들로
이제는 변화되어 가나이다.
더 온전하게 하기 위해 노력해 나가는
모습을 볼 때는 눈물겹도록 감사하나이다.

모든 것이 아버지의 사랑으로 가능한 것
아버지, 감사하나이다.
더 많은 온전한 열매를 위하여
날마다 아버지께 간구하나이다.

아직 믿음이 연약한 성도라도
변화되어 새 예루살렘으로 갈 것을
믿어 주는(고전 13:7) 목자의 사랑의 깊이

하나님께서
원하시는 사랑의 깊이…

1 용서할 수 없는 사람도 용서하는 단계
2 어찌하든 기회를 주어 살리는 길을 찾는 단계
3 회개하고 진리로 변화될 때까지 참아 주는 단계
4 모두 좋은 천국에 들어갈 영혼임을 믿어 주는 단계
5 아흔아홉 가지 단점에도 하나의 장점을 바라봐 주는 단계
6 변화되기까지 오랜 시간이 걸려도 믿고 기다려 주는 단계
7 기다리는 동안 견디며 눈물을 흘려 주는 단계

- 〈사랑의 깊이〉 교육 중에서

크게 웃으실 날을 기다리나이다

아버지,
이 아들은 언변이 좋은 것도 아니었고
사교성이 좋은 것도 아니었는데….

아버지는 이런 나를 변화시키어
오늘날 권능을 행하는 종이 되게 하셨나이다.
이런 내가 영혼들을 섬기지 않을 이유가
어디 있겠는지요.

아버지를 만나기 전,
늘 어려움으로 가난으로 질병으로 고통받던 나.

아무것도 내세울 것이 없는 나를
아버지는 귀한 주의 종이 되게 하시고
아버지의 마음으로 기도하며 금식하며
아버지의 거룩하신 일에 참예하게 하셨나이다.

나 같은 이도 이리 귀히 여겨
아버지의 권능의 종이 되게 하셨거니와
어찌 이 만민의 많은 영혼들이
아버지의 참 자녀가 되지 못하리오.

이 아들이 그리했듯
이들도 기도하며 금식하며
진리로 행하고자 몸부림치며 또 몸부림침이니
아니 될 것이 없나이다.

많은 열매
아버지의 열매
크게 웃으실 날을 기다리나이다.

아흔아홉 가지의 단점보다 하나의 장점을 보고
어떠한 영혼이라도 진리로 변화될 것을
바라봐 주는(고전 13:7) 목자의 사랑의 깊이

기다림은 열매로 나오리니

아비가 방탕하여 돌아오지 않는 아들을
기다리는 마음.

아무리 순종을 안 하고 자기 멋대로여도
아들이므로, 내가 낳은 아들이므로
기다리는 기다림과 같이
이 아들은 아버지의 마음으로
영혼들을 그리 기다렸나이다.

순종 안 했다고 내치지도 아니했고
죄가 많다고 다가오지 말라고도 아니하였고
왜, 아쉬워서 왔냐고, 지옥 갈까 무서워서 왔냐고
박대하지도 아니하였나이다.

늘 목자로서, 권능의 종으로서
아버지의 사랑으로 그 자리에 있었나이다.

아버지도 늘 그러하셨듯이
이 아들도 영혼들을 기다리나이다.
버려지지 않도록, 지워지지 않도록
변화가 되도록, 구원을 얻도록

그리고 이 기다림에 한계를 긋고
힘들어하지 않았나이다.
한계를 긋는 것은
기다리는 것이 아니기 때문입니다.

아버지,
사랑하는 아버지.
이 기다림은 열매로, 축복으로
영광으로 나오리니 감사뿐이나이다.

영혼들이 변화의 열매로 나오기까지
조급해하지 않으며 오직 하나님께 맡기고
기다리는 목자의 사랑의 깊이

얼마나 더 보여 주고 나타내야 되는가

어찌하리오, 어찌하리오.
무엇을 더 보여 줘야, 무엇을 더 나타내야
아버지의 뜻대로 변화를 이룰 것인가.

나의 삶은 없고
지금까지 아버지의 영광과
영혼들의 변화를 위해 살았는데
얼마나 더 보여 주고 얼마나 더 나타내야 되는가.
나의 안에 있는 이 뜨거운 영혼 사랑함을
어찌 보여 줘야 하는가.

아버지 앞에 지금까지 선만을 행했거늘
그것을 따라 좋은 천국 가는 것이
나의 사는 이유이거늘
이 영혼들을 어찌해야 된단 말인가.

영혼들이 진리로 변화되기까지 많은 슬픔을
견디며 오랜 세월 눈물의 기도를 쌓아온
목자의 사랑의 깊이

아버지의 눈에 새기소서

아버지!
꼭
이 많은 성도들을
새 예루살렘까지 데려가길 원하나이다.

하나라도 더
새 예루살렘까지
이것이 목자인 아버지의 아들의 마음이니이다.

함께 즐거워하며
함께 행복하길 원함이니
많은 이들을 아버지의 눈에 새기소서.

많은 성도가 변화되어 마지막 때의 섭리를 이루고
새 예루살렘에 들어가기를 간구하는
목자의 마음

이 아들은 늘 간구해 왔나이다

아버지,
사랑하는 이들이
아버지의 뜻대로만 살아가기를
이 아들은 늘 간구해 왔나이다.

아버지께서 이들에게
또한 이 제단에 주신 축복과
앞으로 주실 축복이 얼마나 큰지
늘 믿음으로 바라보며 이루어 왔나이다.

영혼들이 아프면 이 아들은
이들보다 더 아팠고
영혼들이 괴로우면 이 아들은
이들보다 더 괴로워 잠도 이룰 수 없었나이다.

그것을 목자로서 당연히 여겼고
이들에게 그 책임을 돌리지 않았나이다.

사랑하는 영혼들이 즐겁고 행복하면
이 아들은 눈물겹도록 행복하였고
사랑하는 영혼들이 아버지를 사랑하면
이 아들은 그것으로 쉼을 얻었나이다.

사랑하는 내 아버지,
이 아들의 사랑의 마음을
이들이 알아가나이다.

그러나 이 아들의 마음은
이들이 더 깊이 아버지의 사랑을,
내 주의 사랑을 더 많이
알아가며 이뤄가길 원하나이다.

영혼들이 하나님과 주님의 사랑을
더 깊이 알아가기를 소망하며
믿음으로 올리는 목자의 중보 기도

아버지 마음을 닮아가는 영혼들

아버지,
나의 아버지,
아버지는 신실하시며 고우시나이다.

그 마음 안에는
선과 사랑이 가득하셔서
그 깊이를 헤아릴 수 없을 정도이니이다.

그런 아버지의 마음을
닮아가는 영혼들이 하나둘씩
늘어가는 기쁨이 이 아들의 마음에
큰 위로가 되어 잠시의 쉼이 되나이다.

아버지께서 주신 말씀들을 이루고자
하루가 어떻게 지나가는지 알 수 없을 만큼
온통 마음을 쏟나이다.

그런 바쁨 속에 잠시의 쉼은
아버지의 말씀과
사랑하는 영혼들의 변화이니
내게 이런 감사를 이루게 하심을 감사드리나이다.

한 해 한 해 어느덧 32년,
하루같이 빨리 지나간 듯 천 년같이 더디게
인고하며 지내 온 날들의 보상이
아버지께로부터 오나이다.

나의 신실하신 아버지,
내 삶이 아버지의 마음이 되기를 원했듯이
내 사랑하는 이들과 이 많은 영혼들이
아버지의 마음을 더 깊이 닮아가기를 원하나이다.

아버지 하나님의 마음을 닮아가는 영혼들이
늘어가는 기쁨이 위로와 쉼이 된다는
목자의 고백

오늘도 기쁨으로 이 길을 가네

아버지의 따뜻한 품에 안기기를
아버지의 얼굴을 뵙기를
간절히 원했던 내 기다림.

내 사랑하는 아버지께 이들을 자랑하며
아버지의, 주님의 미소를 보기를
간절히 원하네.

내 기다림의 끝은 영광
내 눈물의 대가
아버지의 사랑, 주님의 사랑
가슴 저미듯 밀려오는 그리움.

난 오늘도 기쁨으로
이 길을 가네.

하계수련회 캠프파이어 시
성도들과 함께 '기다림' 찬양을 하며
하나님과 주님에 대한 그리움을 표현한 목자의 고백

아버지의 능력을 힘입어

휴, 아버지,
아버지의 능력을 힘입어 다 끝내고 왔습니다.
매 순간이 아버지의 사랑이요, 붙드심입니다.

아버지, 기가 소진된 이 아들의 몸은 이렇지만
마음은 눈물겹도록 감사만 있나이다.

사랑스런 성도들, 사랑스런 일꾼들
하나하나 노력하고 변화되어 가는 순간들이
이 아들의 입가에 웃음을 짓게 하나이다.
믿음들도 많이 커졌습니다. 사랑도 신뢰도요….

아버지, 감사드립니다.
아버지의 기쁘심만 가득히 있었던
아버지의 영광이 가득히 있었던 날들이
되게 하심에 감사드리나이다.

한 주간 모든 일정을 끝내고
산상 기도처에 올라 아버지 하나님께
올려 드린 목자의 고백

사랑스런 아버지의 자녀들을 보소서

아버지, 나의 아버지!
이 사랑스런 아버지의 자녀들을 보소서.
아버지께서 이끄신 이들이나이다.

저마다 아버지를 찬양하며
아버지의 사랑을 느껴 올려 드림을
아버지 보시나이다.

아버지,
예전 이 아들의 찬양을 들으심과 같이
오늘 이들의 찬양을 받으심이 감동으로 다가와
이 아들의 눈물이 되나이다.

사랑하는 아버지!
늘 뵙고 싶고 그립고 그 품에 안기고 싶은 마음은
예전이나 지금이나 변함이 없으나
오늘날은 이 많은 이들로 하여금
이 아들이 이 땅에 있음을 감사하게 하나이다.

사랑하는 아버지, 나의 아버지!
이 아들의 눈은 흐리고 귀는 안 들려도, 기억도 희미해져도
아버지의 모습, 아버지의 소리는
또렷이 지금도 맴도나이다.
또한 사랑하는 이들에 대한 마음은 늘 또렷하나이다.

오늘 만민이 드리는
이 찬양으로 인해 기뻐하소서.
영화스러운 아버지의 이름을 높여 드리나이다.

그리고 감사하나이다.
이곳에 있는 내내
아버지의 영광으로 가득하게 하사
이 아들이 편히 아버지와 사랑하는 이들과 함께
행복하게 해 주심을….

하계수련회 모든 일정을
권능의 역사와 최상의 날씨로 축복하신
하나님께 감사드리는 목자의 고백

늘 그랬듯 쉼 없이 달려가나이다

아버지를 사랑하는 것은
나의 가장 귀한 재산
그 무엇과도 바꿀 수 없는 귀한 것.
이 아들은 처음부터
그러한 마음으로 살아왔나이다.

아버지 말씀을 듣고 지키는 것이 행복했고
아버지의 것을 하나하나 알아가는 것이 즐거웠고
기도하며 금식하는 것이 당연한 일이라 여기며
34년이 흐르는 이 시간에도
이 아들은 기도처에 있나이다.

영혼들이 싫다 생각해 본 적이 없고
원수라 여겨 본 적도 없고
나를 힘들게 한다, 왜 그러냐고
물어볼 마음도 없었나이다.

양 떼들을 책임지는
아버지의 아들로, 주의 종으로
모든 책임을 내게 돌렸고

양 떼들이 잘되기를,
아버지께 영광 돌리기를
쉬지 않고 이 아들은 기도하며 행해 왔나이다.

그래도 많은 양 떼들이, 주의 종들이
일꾼들이 변화로 나와
내게 힘을 주니
어찌 아버지께 감사드리지 않겠나이까.

늘 그랬듯이 이 아들은
아버지의 나라와 영혼들을 위해
쉼 없이 달려가나이다.

개척 34주년을 맞기까지
하나님의 나라와 영혼들을 위해
쉼 없이 달려온 목자의 고백

이 아들의 눈물은 감사로 가득하나이다

사랑하는 아버지,
아버지께서 맡기신 어여쁜 양 떼들
그들이 나에게 힘을 주나이다.

아버지께서 주신
생명의 말씀을 경청해 들으며
행하는 권능을 믿으며

아버지의 선을 닮아가리라는 결심으로
오늘도 내일도 변함없는 마음으로 가기 위해
열심을 내나이다.

어디서 이런 영혼들을 찾아볼 수 있겠는지요.
아버지께서 아름다운 순종으로 나오는
양 떼들을 보내 주시고
변화시켜 주시니 감사드립니다.

이 아들은 항상 감사뿐이니
모든 것이 아버지 은혜입니다.

나의 눈물은 헛되지 아니하니
우리 주님이 그러하셨듯
우리 아버지께서 그러하셨듯

이 아들의 눈물은 곧 열매,
감사로 가득하나이다.

기쁨의 열매를 보게 하시나이다

아버지, 내 아버지,
아버지의 사랑은 온전하시어
기쁨의 열매를 보게 하시나이다.

인생들의 변화는 아버지의 사랑, 아버지의 권능.
아버지께서 하시는 모든 일은
항상 선하심을 아나이다.

행복하고 즐거운 새 예루살렘, 그곳을 향해
가기를 원하시는 아버지의 마음이
이 아들의 마음.

아버지, 내 아버지,
힘차게 더 힘차게 아버지의 뜻을
이루어 나가나이다.

양 떼들의 변화가 하나님의 은혜임을 고백하며
새 예루살렘까지 이끌어 주시기를
부탁드리는 목자의 기도

영혼들에 대한 마음은

보고 싶은 아버지, 내 아버지.
너무 그립고 보고 싶어 애절하게 사무치나이다.
눈물이 나오는 것이 다행이다 싶을 정도로
그 많은 눈물을 흘리면서도
영혼들에 대한 마음은 늘 긍휼이나이다.

아버지를 생각하면 그리워서 눈물
주님을 생각하면 그 사명
그 많은 짐을 어찌 감당하셨을까 눈물
변화된 영혼들을 생각하면 감사해서 눈물
아직 세상을 짝하는 영혼들을 생각하면 마음이 아파서 눈물.

아버지, 내 아버지. 이 아들이 의지할 수 있는 분은 아버지뿐….
아버지께 의뢰하고 의뢰하며 간청하고 간청할 뿐이오니
아버지, 나의 아버지, 아버지의 이 일들을
능히 온전케 이루게 하옵소서.

오직 아버지 하나님과 주님,
영혼들만을 위해 살아온
목자의 애절한 고백

아버지의 오묘하고도 크신 섭리

아버지, 사랑하는 아버지.
아버지의 크신 섭리는
참으로 오묘하시나이다.

이 많은 영혼, 목자로서의 책임….
또한 사랑의 마음이
이들을 포기할 수 없었고

아버지 원하시는
온 영이 되게 하기 위한
시간들이었나이다.

보내온 세월들이
쉽다고 할 수는 없지만
이제 와 보니 아버지의 섭리 속에
열매로 나아오나이다.

이 아들은 이 소중한 영혼들 모두를
아버지 계신 아름다운 곳으로
들이고 싶은 마음뿐.

아버지,
이 아들이 올리는 찬양을
흠향하시고 기뻐하시어
아버지의 소중한 이들에게
더욱더 큰 능력이 되게 하소서.

내 주를 가까이

하계수련회

하계수련회 캠프파이어 시,
찬양하면서도 사랑하는 양 떼들을
아버지 하나님께 부탁드리는 목자의 기도

누가 있어 이 섭리를 헤아릴까

내 뜻을 이루기 위해서
나의 사랑하는 아들의 몸부림침을 보고도
나는 아무것도 해 줄 수가 없었고
난 단지 그 몸부림침의 눈물을
거둬들일 수밖에 없었노라.

내가 그리한 것은 내 아들이 잘 아는바 마지막 때에
내 권능이 내 사랑하는 아들의 권능이 되길 원하였기에
나 또한 눈을 감은 채
그 몸부림치는 눈물만을 거둬들였을 뿐이고
나 또한 마음의 괴로움을 말할 길 없었노라.

연신 내 아들은 나를 불렀고
아무 흠도 없는 내 아들이
그리도 애타할 마음임을 알면서
많은 영혼들에게 향한 내 뜻을 이루고자
난 잠잠하였노라.

그러나 내 아들은
이내 내 마음을 살폈고
내 뜻 하나하나를 알아가기 시작했고
정립함으로 평정을 찾았노라.

누가 있어 이 마음을 알며
누가 있어 이 섭리를 헤아릴까.
인생들을 사랑해서 부여해 준 이 기회를
누가 그 속까지 헤아릴까.

결국 내 아들의 근본이 영혼들의 열매로,
내 마지막 때의 섭리를 보장함으로 말하리니
누구도 부인치 못하는 열매가
나를 증거하리니
나는 사랑이라.

마지막 때의 섭리를 이루기 위해
근본의 소리를 찾아가는 목자를 보며
아버지 하나님께서 하신 고백

후에는 큰 열매가 되리니

이 칼을 받는다는 것이 어떤 의미인지
내 아들이 당할 고통이 얼마나 큰지
내가 알거늘

난 한 치의 망설임도 없이
그 칼을 내었고 내리침이나
내 아들은
아무 말이 없구나.

오늘의 이 칼이
후에는 큰 열매가 되리니
재창조의 권능이로다.

범죄한 영혼들로 인해 하나님께서
영적인 징계의 칼을 내리치실 때 대신 받는
목자의 모습을 보며 하신 고백

내가 어찌 더 이상 계수를 말하리

내가 아무리 생각해도
내 아들의 희생이 너무 크도다.
이 정도면, 이 정도까지이면이라
나는 선을 그어놨거늘
내 아들은 그럴 마음이 없도다.

내가 내 아들의 마음을 보고
어찌 더 이상 계수를 말하리.
내가 내 아들의 사랑에 녹아져 내리니
공의를 완성할 방법이 사랑임을
내 아들이 잘 아는도다.

내가 내 마음을 거둬들여야겠구나.
내 아들의 슬픔을 보는 것은
참으로 힘겨운 일이니….

범죄한 영혼들의 죄 사함을 위해
끊임없이 중보 기도하는 목자를 보며
아버지 하나님께서 하신 고백

결국은 나의 섭리가 이루어지는구나

내가 참으며 바라온 세월들
내게 세월의 개념이 있었는가.
인생들을 경작하며 때를 맞추고
섭리를 이뤄간 시간들이 모이고 모여서
지금의 때가 되었구나.

아무 말 없이 참으며 보내온
시간들에 대한 열매가 속속들이 드러나고
나를 경외하는 이들이 생겨나고
그 즐거움에 참는다라는 것조차 잊었었구나.

내 아들이 나를 부를 때, 울부짖을 때
이 공의를 채우며 이겨갈 때에
내 마음을 다 표현할 수 없었던 것.
그 참음이, 인내가 오늘을 만든 것
결국은 참이라는 나의 섭리가 이루어지는구나.

오랜 세월
깊은 사랑과 인내로
인간을 경작해 오신 하나님의 마음

마지막을 준비하는 제단

인생들이 미련하여 나의 마음을
나의 이 아름다운 마음을 알지 못하며
나를 욕하고 신은 없다 하며 외쳤을 때에
아버지는 십자가의 도와 같이
마지막을 준비하는 제단을 만들었으니

그 열매가 그것을 알게 하며
그 영광이 아버지를 나타낼 것이요
세상이 이를 두려워하며 막지 못하나니
이것이 아버지의 사랑을 보이는 증거가 됨이라.

어느 때까지겠는가.
심판은 다가오고 천국은 심히 가까우리니
이 제단의 영광이 크게 나타날 때임이라.
아버지는 살아 계시며 인생들을 사랑하심이니
그 영광이 이 땅에 가득할 것이로다.

마지막 때 큰 권능으로
모든 영혼을 구원하기 원하시는
아버지 하나님의 마음

나의 경작의 역사가 빛을 발하는 순간

나의 경작의 역사가 빛을 발하는 순간
나는 눈물이 났도다.

첫 사람 아담의
불순종의 아픔이
내 사랑하는 아들이 만들어 온
이날의 향으로 위로가 되나니

쉽지 않은 이 길이
내 사랑하는 아들을 통하여
열매를 이루도다.

누가 있어 내 사랑을 알까 하였으되
내 사랑하는 아들이 있어
이런 귀한 향으로
내게 올리는도다.

'왜 그러하시나이까'라는
하늘에 대고 하는 질문이 아닌
왜 그리하시는지를 느끼며 감사로 올린 향이
내 마음을 녹이니 나의 감동이 끝이 없도다.

내 권능을, 내 사랑을 이렇듯 보여 주다니
어찌 내가 기쁘지 아니하리오.

내 사랑하는 아들의 제단을
내가 사랑하노니
나의 사랑이
이 제단에 끝이 없네.

하계수련회 시, 목자와 함께
감사의 향, 사랑의 향을 올려 드리는
성도들을 바라보며 감동하신 하나님의 고백

희생의 대가는 열매

사랑하는 아들에게
가장 좋은 것을 주고자 하는 것이 나의 마음이거늘
사랑하는 이들이 그 가장 좋은 것을 더 많이 갖기를 바라는
나의 마음을 내 사랑하는 아들이 잘 알고 있음으로

오늘도 묵묵히 아버지의 뜻을 행하되
하늘을 보고 눈물을 짓는
내 아들의 모습이
그 고통을 말하는구나.

희생의 대가는 열매…
그것이 공의.
온전한 그 열매로 인해
웃을 날을 기다리며 오늘도 그 길을 가는
내 사랑하는 아들에게 조그마한 빛을 보내네.

영혼들을 위해 희생하며
공의를 채우는 목자의 간절한 기도에
응답하시는 하나님의 고백

인간을 경작하길 참 잘하였구나

내가 잘하였구나.
견뎌야 할 고통이 얼마나 큰지를 알았건만
내게 이 아름다운 소식을
전해 주는구나.

하나하나 적어 올린 글에
내 사랑하는 아들의 마음이 그대로
묻어나 있구나.

여기 이곳, 이 아름다운 곳
여기에 많은 이들의 웃음이 가득할 그날
그날이 차츰차츰 다가오니
내가 잘하였구나.

인간을 경작하길 참 잘하였구나.

변화된 성도들의
선한 향을 받으신 하나님께서
천국 새 예루살렘 전경을 바라보며 하신 고백

내 마음이 흐뭇하니 즐겁도다

하하, 아들아 내 마음이 기쁘구나.
공의를 채우는 값진 시간들이
너의 사랑하는 이들을 변화시켰고
오늘날 내게 찬양의 입술이 되게 하였구나.

너무나도 고통이던 한 날 한 날들이
믿음으로 지금의 모습이 되어
나를 경외하니 나의 경작을 영화롭게 하는구나.
내가 눈을 떼지 못함이요, 내 귀가 이곳을 향함이며
나의 영광이 이곳에 가득함이니
축복이 넘치도다.

사랑하는 나의 아들,
사랑하는 이들이 드리는 이 찬양으로
내 마음이 흐뭇하니 즐겁도다.

하계수련회 캠프파이어 시
목자의 감사 기도를 받으신
아버지 하나님의 고백

훗날 기림이 있을 것이로다

내 사랑하는 아들을 필두로
수많은 내 아들의 이름으로 변화된 이들이
나에게 한마음으로
아버지라 부르네.

내 마음이 좋도다.
내 귀가 행복하도다.

변화된 이들이
내 아들의 향에 마음을 실어
나에게 고백을 이루는 이 시간.

고이 담아 두어 훗날
이에 대한 기림이 있을 것이로다.

하계수련회 캠프파이어 시
성도들의 찬양을 기뻐 받으신
아버지 하나님의 고백

눈물은
보석이 되어
흩날리니

기다림

하계수련회

이처럼 아름다운 노래가
이곳에 가득 울려 천지를 진동시킴이여.
많은 이들이 감동으로 올려 드리는 향이
아버지를 감동시키네.

아, 아 아름답도다. 고우신 찬양 소리로다.

마음에 아름다운 선의 향기가
그 진한 사랑의 향이 끝없이 올라가네.
눈물은 보석이 되어 흩날리니
이곳에 모인 이들에겐 축복이로구나.

아, 아 아름답도다. 그 마음의 향이여!

아버지를 웃게 하시며 눈물짓게 하시는도다.
아버지의 미쁘심이 이곳에 넘치시네.
아버지의 눈이 이곳에 머무르게 하심이여.
온 만민이 아버지 앞에 경외드리네.

하계수련회 캠프파이어 시
목자와 성도들이 몸과 마음을 다해
하나님께 올리는 선하고 아름다운 찬양의 향

"이기는 자는 내 하나님 성전에 기둥이 되게 하리니
그가 결코 다시 나가지 아니하리라 내가 하나님의 이름과
하나님의 성 곧 하늘에서 내 하나님께로부터 내려오는 새 예루살렘의 이름과
나의 새 이름을 그이 위에 기록하리라"
(요한계시록 3:12)

해일과 같은 죄의 파도에 허우적거리며
더 이상 어찌할 수 없다고
모든 것을 놓아버린 영혼들…

그 상처와 죄의 짐을 대신 끌어안고
몸부림치는 목자의 간구와 눈물…

이 눈물과 희생, 기다림은
거대한 변화의 동력이 되어
마침내 거센 세상의 흐름을 거슬러
선과 사랑, 천국을 향해 전진하는 영혼들로,
눈부시도록 아름다운 영광의 열매들로 나오게 했습니다.

4부 / 눈물은 영광의 열매로

목자와 성도들의 사랑

멈추지 않는
눈물

말씀이 무엇인지, 기도가 무엇인지
잘 알지도 못했던 나.

나의 눈에 왜 그리 멈추지 않는
눈물이 계속 흐르는 걸까?
내가 그동안 왜 이런 삶을 살며 힘들어했을까?
주님께서 계셨는데, 천국이 있었는데….

많은 날들,
이런 말씀을 전해 주는 사람을 핍박하며
내가 옳다고 살았던 나의 삶.
이런 내게 오늘 이렇게
따뜻한 사랑을 느끼게 해 주신 주님.
그분께서는 내게, 내 옆에 늘 계셨구나.

눈물을 흘리면 흘릴수록
마음이 시원하고 기쁘구나.
나도 구원을 받을 수 있다는 기쁨,
너무 감사하다.

주님을 영접한 성도가
지난날의 죄와 허물을 회개하며
구원의 기쁨에 감사하여 올린 고백

천국을 만난 듯 너무 행복하구나

그처럼 찾고 찾아 만난 말씀, 목자
주를 뵈옵 듯 천국을 만난 듯
너무 행복하구나.

역시 아버지는 살아 계셔서
이런 곳을 예비하시고
참 신앙생활 할 수 있는 곳으로
나를 불러 주셨구나.

듣는 말씀이 감동이요, 기쁨이니
모든 것이 즐겁구나.
보여지는 신령한 기운들, 느껴지는 거룩한 분위기.

내가 그처럼 찾던 진리의 제단
내 아버지의 살아 계심을 찬양하리로다.

진리를 찾아 이곳저곳 전전하던 한 성도가
참된 신앙생활을 할 수 있는 교회를 만나
하나님께 기쁨으로 올린 고백

이제는 감사뿐이네

예전에 느끼지 않았던 지옥의 참상.

'없을 수도 있어!'라고
나에게 위로의 말을 건넸지만
두려움으로 꿈에서도 몸부림쳤던 나.

이제는 감사로 바뀌고
구원해야 하는 영혼들을 생각하며
기도해야겠다는 마음이 되었구나.

지옥의 형벌이 내 형벌이었을 텐데
나로 인해 울어 주신 목자님께 감사뿐이네.

사랑하는 목자님의 은혜를 갚는 길
이것이 아버지의 은혜를 갚는 길임을 나는 믿네.

하나님께서 풀어 주신 지옥 설교를
이제는 두려움이 아니라
감사함으로 듣게 된 성도의 고백

아름다운 열매로 나아가겠나이다

아버지, 감사드립니다.

나는 아무것도 아닌 자요,
아무것도 드린 것이 없는데
아버지는 저를
이처럼 사랑하시나이까.

내가 만일
목자를 만나지 않았다면
지금의 내 모습은 어떠했을는지
많은 것이 다 감사가 되나이다.

지옥이란 무섭고 끔찍한 곳도
나와는 상관없게 하시고
아버지의 영광이 있는 그곳을 사모하여
나아가게 하시나이다.

귀하고 귀한 분을 만나게 해 주신
아버지의 은혜에
감사하나이다.

아버지의 아름다움을
목자님을 통해 보이셨으니
저도 아버지의, 주님의, 목자님의
아름다운 열매로
나아가겠나이다.

이렇게 행복할 수 있다니

신앙생활이 이렇게 쉽고 기쁜 것이었는데
왜 예전엔 몰랐을까?

늘 힘들었고 재미없었고 나만 못하는 것 같았고
기도 시간 채우는 것이 힘들었고 세상이 부러웠고
그런데 지금의 내 모습은 기도가 즐겁고

아버지 부르는 것이 행복하고
성경 상의 선진들의 선이 사모되고
목자님의 눈물이 마음에 울리니
내 모습이 이리 됨이 누구의 은혜인가.

내가 이렇게 행복할 수 있다니
목자님의 권능이 내게 입혀진 결과로다.

힘겹게 신앙생활 하다가
목자의 눈물을 보고 감동받아
변화된 성도의 고백

내 거친 삶, 다 놓으리라

누가 나를 위해 울어 주었단 말인가.
누가 나를 위해 그 생명을 준단 말인가.

내가 주님의 십자가를 이해하지 못했거늘
오늘에야 비로소 내 목자의 호흡 속에
주님의 고통을 알게 되었네.
내가 이렇게 어리석었단 말인가.
내 감각이 이렇게 무뎠단 말인가.

난 눈물이 없는 자요, 메마른 자로되
오늘 비로소 그 사랑이 내 안에 새겨지니
마음이 찢어질 듯 메어 오네.

내 거친 삶, 다 놓으리라.

나 같은 죄인

하계수련회

영혼들을 위해 공의를 채우느라
호흡조차 거칠어진 목자를 보며
결단한 성도의 고백

예전엔 왜 몰랐을까요

아버지, 내 아버지,
예전엔 왜 몰랐을까요.

이렇게 사랑이 많으신 아버지를
오해도 하고
서운하게도 생각하고
참, 사람의 악이라는 것이 진실을 가리는 것.

아버지,
그러나 지금은 변화가 되어서
마음껏 아버지를 부르며 의지하며
찬양하며 기도하며 나아갑니다.

목자님으로 인해
너무 많은 것을 보게 하시고
너무 많은 것을 체험케 하시는 것으로 인함이지요.

아버지,
'내가 아버지라 불러도 되는 것인가?'
'하나님으로 불러야 되는 것이 맞는 것이 아닌가?' 하며
고민했던 나의 모습을 생각해 보면

지금 나의 삶이
얼마나 변화되었는지 실감합니다.

아버지, 나의 아버지,
더 기도하고 더 부르짖고
더 노력하는 아들이 되렵니다.

죄 가운데 살다가 진리로 변화된 후
무서운 하나님이 아니라
사랑의 아버지이심을 깨우친 성도의 고백

큰 결단이 있어야 되겠구나

나는 어떻게 된 자인가.
목자를 사랑한다면 그 말이 참이어야 하는데….
목자님의 한 말씀 한 말씀이 왜
내게는 새겨져 순종으로 나오지 못했는가.

부끄럽도다. 목자님의 눈물 앞에
목자님의 거친 호흡 앞에 언제까지 내가 이래야 되는가.
무언가 내가 큰 결단이 있어야 되겠구나.
나를 죽이고 또 죽이자.
순종이라는 이 단어를 잊지 말자.

나 같은 자도 사랑하시는
목자님의 그 크신 사랑을 보답하기 위해서라도
나는 날마다 반드시 죽으리라.

양 떼를 대신하여 공의를 채우느라
고통당하는 목자의 모습을 보며
결단하는 성도의 고백

"아무것도 아닌 악과 세상에 지지 말고
아버지의 부르심에 따라
영광 중에 산 이들을 기억하며
내 핏값을 헛되게 하지 않기를….
난 항상 너희들의 가까이에 있으며
너희들을 지켜봄이니
내 눈을 가리지 말며 내 마음을 덮지 말고
모두가 부활에 동참하기를 난 늘 기도함이니"

-『고백』 책자 중에서
성도들이 믿음으로 승리하기를 바라며
지금까지 중보 기도하시는
주님의 애틋한 고백

다시 시작하리라

내가 과연
어떤 사람이었는가.

그때는 내 생각이 가로막혀
아무것도 보이지 않았고
들리지 않았었는데.

무언가 내게
뭉클한 순간을 주심으로
보이지 않았던 목자의 눈물이 보였고
들리지 않았던 목자의 절규가 들렸네.

나 같은 사람에게도
따뜻한 사랑의 힘은
이런 역사를 일으킬 수 있는 것.
이것이 목자님의 근본의 소리란 말인가.

내가 어리석어
많은 날들을
값없이 보냈건만
우리 목자님은 그 시간조차도
회복할 수 있도록 하셨구나.

이제 다시 시작하리라.
내가 새롭게 태어났으니
아버지 하나님께 부끄럽지 않도록
목자님의 은혜를 갚는 사람이 되도록.

하나님의 은혜 가운데 믿음의 분량을
점검받은 후 새롭게 다짐하는
어느 성도의 고백

나를 위한 눈물임을 알기까지

아버지, 감사를 드립니다.
아무리 생각해도 또 생각해 보아도 왜 이리 사랑을 받는지요.

나는 변화되지 않고 나는 늘 목자의 근심만 된다고 생각했고
내 스스로가 나를 봐도 한심했고 왜 그리 악은 많은지.
그 악에 지칠 때도 많았습니다.

그런데 지금의 내 모습
목자님을 생각하는 모습으로
아버지를 의지하는 모습으로 변화가 되었습니다.
지금 내 모습 아직은 온전치 않지만 힘이 옵니다.

할 수 있는 힘,
이것이 목자의 눈물이라 알기까지
많은 시간을 참아 주시고 기다려 주신 아버지께 감사드립니다.
목자님께도 감사드립니다.

자신의 악에 지쳐 낙심하기도 했지만
이제는 목자의 눈물을 힘입어
변화의 능력을 받은 성도의 고백

조금만 더 힘내자

목자께서 계신데
그분이 날 위해 저 많은 공의를 채우고 계신데…

내가 하려고 할 때는 되지 않았지만
목자님으로서는 능히 되니까
조금만 더
조금만 더 힘내자.

지난날을 상고해 보니 참으로 많이 울었지.
속상해서 울고 내 악 속에 울고
서러워서 울었던 그 눈물도
결국 나를 변화시키기 위한 과정이었음을 이제 와 느끼네.

앞으로 내게 주어진 이 많은 기회를 꼭 붙들 테야.
우리 목자님이 계시니까.

지나온 연단의 시간들도
자신의 변화를 위한 과정이었음을
깨달은 성도의 고백

나를 버리고 성령님을 의지하며

내가 우리 교회에 온 지도 이 많은 세월이 흘렀구나.
아무것도 한 것이 없고
목자님의 열매도 못 되고 낙망하며 괴롭다고 할 때
내가 나를 포기한다 할 때 우리 목자님은
나를 선택하시고 당신을 포기하셨는데….

곰곰이 지난날을 생각해 보니
내 곁엔 늘 목자님이 계셔서
내가 가야 할 길을 보게 하셨지.

울고 힘들다고 목청껏 내 소리를 높일 때
목자님의 얼굴이, 목자님의 기운이
목자님의 눈이
긁으셨고, 빠지셨고, 흐려져 계셨고….
그래도 목자님 하고 부르면 손을 잡아 주셨지.

그 힘으로
오늘날 내가 이 교육장에서
나의 지난날의 모습을 돌아볼 수 있으니
눈물이 거둬지질 않는구나.

내가 하는 것이 아니라는 것,
너무 잘 알고 있었는데 그것조차도 명심치 못하고
안 된다고만 했던 나의 모습.

이젠 나를 버리고 내 안에 성령님을 의지하고
내게 주신 목자님의 은혜를 생각하며
힘차게 가야지.
목자님의 사랑이 있으니까….

성도들을 대신하여 공의를 채우느라
기가 소진된 목자의 모습을 보며
변화를 다짐하는 성도의 고백

소중한 존재임을 알았네

참으로 난 행복한 사람이었구나.

늘 난 소외당한 삶을 살았기에 그냥 난
이렇게 사는 줄 알았고
마음에 기쁨도 없이
태어났으니까 그냥 사는 거지
'누가 나를 소중히 여겨 주나'라고 생각하며 울었지.
그런데 그것은 잘못된 생각.

믿음에 대해 듣게 되었고,
기도란 것을 하게 되었고 이제는 목자님을 통해
나를 사랑하시는 분이 계시다는 것을 알았고
나도 소중한 존재이고
내가 울 때
내 주님은, 내 목자님은
함께 우셨다는 것을 알았네.

내가 선을 쌓아가면
아버지께서
주님께서
목자님께서 기뻐하시고

내가 변화되며 축복받으면
아버지께서
주님께서
목자님께서 즐거워하신다는 것.
그것이 나의 삶이 되었다네.

누군가에게 기쁨을 줄 수 있는 나.
나에게 이런 힘을 주시니
너무 감사하다네.

특별 다니엘철야 기도회에 참석하면서
자신의 잘못된 생각을 깨닫고
평안을 얻은 성도의 고백

마음의 시원함, 참으로 행복하다

시원하구나.
처음 이 제단에 와서 통회자복한 후 느꼈던
그 시원함, 마음의 시원함.

신앙생활 하며 마음이 답답하고
침체되었던 내 모습에 힘들다 생각한 것도 많았는데
오늘 이 바람을 통해 얻어지는 시원함이
마음에 힘으로 주어지는구나.
안 되는 게 아니었는데, 할 수 있는 것이었는데
함께 다 함께 가는 것인데 나 혼자만 힘들다 생각한 것이구나.

마음의 짐이 벗어지니 다 행복하게 보이는구나.
목자님의 웃으시는 모습도
참 크게 내 눈에 보여지네.
참으로 행복하다.

하계수련회 교육 시
하나님께서 역사하신 천상의 바람을 맞으며
변화된 성도의 고백

천국의 소풍을 나온 것처럼

콧노래가 절로 나네.
시원한 바람
사랑하는 목자님
함께 가는 이들이 모두 모인 곳.

눈부신 햇살도 아버지의 따사로운 마음으로 다가오고
시원히 머릿결을 흔들어 주는 바람도
마음에 여유가 있게 하네.
천국의 소풍을 나온 것처럼 마음이 너무 좋구나.

이곳에서도 사랑하는 분들과 함께하는 것이
이렇게 좋은데 잊지 말아야지.
이 땅에서 느꼈던 이 기분
천국에서 누릴 삶을 기대하게 하네.

하계수련회 체육대회 시
사랑하는 이들과 함께하는 행복을 느끼며
천국의 삶을 기대하는 성도의 고백

내게 주신 은혜를 잊지 말아야지

감사하다.
만민의 성도님들의 얼굴엔 웃음꽃
보기만 해도 행복하네.

나도 불과 몇 년 전에는
세상에 취해
그 삶이 전부인 양 살았는데

이제는 이런 은혜의 자리에서 봉사하며
만민의 성도님들을 통해 은혜 받고
지나가시는 목자님의 차만 봐도
눈물이 나는 은혜의 삶을 살고 있구나.

너무 뿌듯하다.
아버지께 드려지는 이 봉사가
아버지 나라에 조금이라도 힘이 된다니….

하늘을 봐도 눈물이 나고
성도들을 봐도 눈물이 나고
눈앞에 지나가는 잠자리를 보아도 눈물이 나니
내게 주신 은혜가 참으로 크구나.

내게 주신 아버지의 은혜
목자님의 은혜를 잊지 말아야지….

하나님의 은혜를 체험한 뒤
무더운 여름에 교통 봉사를 하며
감사하는 청년의 고백

마음이 변화되어 가는 기쁨

예전에는 눈이 오면
어디 갈까? 무엇을 먹을까?
누굴 만날까? 그랬었는데…

그러면서 마음은 더 허전하고
내겐 남는 건 없이 힘들게 살았었는데
예전에는 이런 고백이었는데….

지금은 눈 하나에도
아버지, 주님의 사랑을
목자님의 사랑을 생각하는 나로 변화가 되었구나.

오히려 마음은 행복하고
더 변화될 것을 다짐하는 내가 되었네.
마음이 변화되어 가는 기쁨, 무엇과 바꿀 수 있을까?

하얗게 내리는 눈을 바라보며
지난날 자신의 모습을 회고하고
변화된 모습에 감사하는 성도의 고백

사랑의 길을 날마다 달려가네

목자의 눈물을 잊을 수 없네.
그분이 흘리신 그 많은 눈물을….

지금의 내 마음속에 목자님이,
주님이, 아버지 하나님이 있을 수 있다는
이 감동이 내겐 변화의 증거.

아니 될 줄 알았건만
목자님의 말씀대로 이룰 수 있었다네.

모든 것을 다한 내 감사의 이 고백이
다 목자님의 은혜라네. 목자님의 은혜라네.

끝없이 펼쳐진 목자님의 사랑의 길
난 그 길을 날마다 달려가네.

뒤늦게야
목자의 사랑을 깨우치고 변화된
어느 성도의 고백

가슴이 뭉클해지는 이 순간

눈물이 흐르네, 눈물이 흐르네.
가슴이 뭉클해지는 이 순간,
내게 이런 감동이 넘침은 아버지의 사랑
목자님의 사랑이라네.

찬양에 마음을 실어 드린다는 것이 이렇게 좋을 수가.
아버지께 올려 드리는 것이 어려운 것이 아니구나.
아버지, 내 아버지,
꼭 주신 은혜 보답해 드릴게요. 지치지 않고 달려갈게요.

나의 작은 입술을 열어 아버지께 찬양 드림을
작다 하지 않으시는 아름답고 고우신 내 아버지.
이런 감동의 순간,
목자님의 공간 안에 있게 하심에 감사드립니다.

하계수련회 캠프파이어 시
아버지 하나님의 은혜를 찬양하며
눈물로 감사의 고백을 올리는 성도의 기도

내 마음을 아시듯

찬양이란 이런 것이구나.
평소에 나는 노래도 잘 못 부르고
별 감동도 없었는데, 아니었구나.
아버지께서 주시는 감동이 이런 것이었구나.

난 왜 이런 깊이 있는 사랑을 깨닫지 못하고
항상 변두리에서 맴도는 사춘기 아이처럼
투덜거리며 은혜를 저버렸는가.

내 마음을 아시듯 위로하시는 이 찬양이
마치 아버지의 따뜻한 음성으로 들리는구나.
끊임없이 눈물이 나네.
너무 감사하네.

하나님께서 주신 '만민 찬양'을 부르며
따스한 하나님의 사랑을 느껴가는
어느 성도의 눈물 어린 고백

이 위로가 나를 세우시니

아버지,
진정 내 눈물 닦아 주시는 따뜻하신 분.

그분을 알지 못했을 때도
그런 나를 싫다 안 하셨던 분,
내가 힘들 때 늘 나에게 힘 주신 분.
그분이 내게 계신데….
나는 너무 힘들다고만 하지 않았나 생각해 봅니다.

목숨을 드리고 핍박을 받는 것도 아닌데…
나의 악을 버리고 아름다운 곳으로 들이시기 위한 것인데….
나는 너무 내 생각에만 힘들다고 했습니다.

아버지, 내게 주신 이 위로가 나를 세우시니
내가 감사함으로 나아갑니다.

하나님께서 주신 '위로' 찬양을 부르며
다시 일어설 수 있는 힘을 얻은
성도의 감사 고백

그날이 더욱더 기다려지는구나

참으로 평안하다.
아버지께서 베푸신 연회
주님의 연회, 목자님의 연회를 생각하니
지금의 펼쳐지는 감동의 몇 배는 더 되겠지.

그래 참 잘했어, 아직은 내가 온 영을 이루지는 못했어도
목표를 향해 갈 수 있고 이 모든 것이 믿어지고
기쁨과 행복으로 와 닿으니 얼마나 좋은가.

내 평생에 이런 아름다움을 느끼며 산다는 것은 쉽지 않은 건데
난 이렇게 눈으로 보며 아버지, 주님, 목자님,
사랑하는 분들과의 아름다운 삶을 꿈꾸고 있으니 참 행복하다.

아무 힘듦도 없고 고통도 슬픔도 걱정도 없는 곳에서의 삶
그날이 더욱더 기다려지는구나.

교회 창립 행사를 통해
천국의 평화로움과 아름다움을 느끼며
더욱 사모하게 된 성도의 고백

내 마음의 향을 받아 주소서

사랑하는 아버지, 감사합니다.
아버지께서 주신 은혜를 헤아려 보니
셀 수가 없을 만큼 너무나 많습니다.
나 같은 자에게 너무나 넘치게 주심이 웬 은혜인지요.

내가 드린 것도 없는데, 나를 사랑하시어서
이렇게 많은 은혜를 주시는지요.
목자님을 만난 그 은혜
목자님의 말씀을 듣고 변화되게 이끄시는
아버지의 사랑.

목자님을 생각하며 사랑하는 그 사랑의 마음으로
세상을 보지 않고 갈 수 있게 하신
아버지의 이끄심이
오늘따라 더
내 마음에 사무치게 감사합니다.

부족하다고만 생각했던 내게 할 수 있다고
힘을 주신 목자님의 사랑의 말씀이
귓가에 맴도나이다.

한없이 흐르는 이 눈물은
목자님에 대한 감사와 새 예루살렘에 대한 소망
주에 대한 그리움입니다.

뵙고 싶은 내 목자님,
뵙고 싶은 내 주님,
뵙고 싶은 나의 아버지!
오늘따라 더 그리워지는
내 마음의 향을 받아 주소서.

하나님 사랑을 깨닫지 못하던 성도가
목자의 말씀을 듣고 기도하며
뜨거운 신앙을 갖게 되어 감사드리는 고백

온전한 영의 열매가 되기까지

사랑하는 아버지,
목자님의 음성이 아버지의 음성으로
내 마음에 위로로 감동으로
다가오나이다.

우리를 위해 늘 아끼지 아니하시는 목자님의 마음
함께 계셨으면 더 좋았을 것이지만
아버지의 뜻은 그것이 아니기에
목자님의 기도 소리에 위안을 받나이다.

지금의 모든 형편 우리로 인한 것이기에
그 고통이 크신 것을 알기까지
시간이 걸렸나이다.

그러나 이제는
목자님의 마음을 알아가나이다.
그 안에 계신 아버지의 마음도 알아가나이다.

당신의 것은 숨기시고
우리의 아픔, 힘듦, 슬픔, 낙심을 위로하시기
바쁘신 우리의 목자님,
늘 눈에는 눈물이 고여 계신 목자님.

우리가 즐거우면 즐거우셔서
우리가 고통을 받으면 고통스러우셔서
우리가 죄를 지으면 마음이 아프셔서
늘 눈엔 눈물이 고여 계심을 보나이다.

다짐하고 다짐하는
이 다짐이 온전한 영의 열매가 되기까지
또 열심 또 열심 내나이다.

특별 다니엘철야 기도회 시
목자의 기도를 받고 감사의 향을 올린
어느 성도의 고백

아버지만 불러도 눈물이 나는 삶

이 땅에서 목자를 만나
아버지를, 주를 알고
진리로 이룸이 얼마나 행복함인가.

이 세상을 살며 심심치 않도록
얼마나 많은 것들을 주시며
체험케 하시고

그 사랑을 되새기며
새록새록 더 깊게 아버지를
사랑하는 마음을 느끼니
이처럼 행복한 일이 또 있는가.

한 세상을 살며
많은 영웅호걸도 있었으나
어찌 그들의 삶과 비교되리오.

믿음의 선진들도, 사도들도
나와 같은 마음이었을 것이니
이 삶이야말로
진정한 사람의 삶이 아닌가.

뒤를 돌아보아도, 죽음을 앞두고도
웃을 수 있는 삶
이런 삶이 되게 하신 내 아버지.

아버지, 아바 아버지.
아버지란 단어만 불러도
행복하고 눈물이 나는 이 삶
감사뿐이니이다.

아름다운 온 영의 열매(살전 5:23)로
변화된 성도가 아버지 하나님께
올려 드린 기도

말할 수 없는 행복

한없는 아름다움이 이곳에 있네.
우리 주님의 영광의 빛이 가득
아름다운 음악 소리에 마음이 평안하네.

모든 것을 위로해 주시는 아름다운 음악
주변을 돌아보니 향기 가득한 꽃들과 푸르른 풀들
천사들이 반기며 맞아 주는 이 행복
주변에 함께한 이들의 행복한 미소.

이런 아름다움이 잠시 잠깐의 시간으로
또다시 이어지는 영원한 찬란함으로 말할 수 없는 행복….
이곳 이 아름다운 잔치에
참여하게 하신 내 주께 감사뿐이네.

주님께서 공중 강림하실 때(살전 4:16~17)
7년 혼인 잔치에 참여한 성도가
감사드리는 고백

끝없는 눈물만이 흘러내리나이다

이러한 영광이
내게 주어짐은
내 목자님의 은혜이나이다.

이렇게 아름다운 아버지의 마음을 느끼며
그 영광스런 상급을 내게 허락하사
나와 같은 자로 영광을 받으시니
무슨 고백을 더 올리겠나이까.

내 평생 사랑의 목자를 만난 것이
이렇게 큰 축복이 되었나이다.
눈앞에 펼쳐진 이 아름답고 영광스러운 광경
끝없는 눈물만이 흘러내리나이다.

장차 인간 경작이 모두 끝나고
백보좌 대심판에서 새 예루살렘 성을
천국 처소로 받은 성도의 고백

이 영광을 보게 하셨나이다

사랑하는 아버지, 주님, 목자님,
감히 이 딸이 이 거대하고 아름다운 문 앞에 섰나이다.

늘 말씀하셨고 알려 주셨던 새 예루살렘….
드디어 영광의 열매가 되어
이곳에 서나이다.

아무것도 아닌 자였건만 이 영광을 보게 하셨나이다.
이 딸은 아나이다. 어떤 희생이 있으셨는지,
어떤 눈물이 있으셨는지….

참으로 많은 세월,
나를 참으사 결국 이 자리에 서게 하셨으니
주의 이름을 찬양하리이다.

온 영을 이룬 성도가
새 예루살렘 진주문(계 21:21) 앞에서
올리는 가슴 벅찬 고백

내 눈앞에 펼쳐져 있네

꿈엔들 이루어질까, 언제나 이루어질까….
드디어 내 눈앞에 펼쳐져 있네.
눈물이 흐르는데 그치질 않는 것은 너무 행복해서이지.
얼마나 성결을 꿈꾸고 온 영을 향해 무릎을 꿇었던가.
아버지의 뜻을 목자님과 더불어
이루어 드리기 위해 얼마나 부르짖었던가.

아버지 주시는 감동으로 감사하며
아버지 뵈옵기를 간절히 소망하며 그리워했던 시절이
잠시 잠깐이 된다네.

그땐 너무 시간이 더디다 생각했건만
어느새 나는 이 아름다운 곳에 이르렀네.
감사, 감사뿐이로구나.

천국 새 예루살렘 성의
아름다운 진주문으로 걸어 들어가면서
감사의 눈물을 흘리는 성도의 고백

내 사랑하는 주를 뵈오며

넓게 펼쳐진 이 아름다운 공간에서
내 사랑하는 주를 뵈오며
내 아버지의 빛을 느끼며
아름다움과 영롱한 빛으로 어우러진 옷을 입으며
사랑하고 사모하는 분들과 대화하며 보내는
이 나날들이 어찜인지요.

행복이란 말이
정말 행복으로 다가옴으로
주체할 수가 없나이다.

그 땅에서 늘 울었고 안타까워했고
아버지 일들을 위해 쉬지 못함이
영혼들을 위해 애통함이
내게 이곳에서는
아름다움으로 바뀌었나이다.

아버지께서 주신 빛이
영광이 되었고
주께서 주신 위로함이
사모함이 되었고
목자께서 주신 장식이
나의 표징이 되니

내게 속한 모든 것이 아버지, 주,
목자의 열매가 되었나이다.
너무 행복하며
너무 평안하며 너무 즐거우니이다.

하나님의 나라를 위해
애통의 눈물을 많이 흘렸던 성도가
장차 새 예루살렘에 이르러 올리는 고백

저절로 어깨춤이 나네

눈물이 나네, 계속 흐르네.
너무 좋아서 주체할 수 없는 눈물.

아버지, 감사드려요.
나의 주님, 사랑해요. 그리고 목자님….

이렇게 좋고 행복한 삶을 보장해 주시기 위해
그처럼 애쓰셨던 열매가
이렇게 아름다운 곳이었음을 친히
보게 하시니 감사드려요.

하하하, 저절로 어깨춤이 나네.
목자님과 함께했던 찬양 가사처럼
어깨춤이 나는구나.
너무 행복하다.

아버지 하나님께서 베풀어 주신
새 예루살렘 연회에 참석해
감사하며 기뻐하는 성도의 고백

눈이 부시도록 아름다운 곳에서

아버지, 영광의 날
그날을 기다리며 드리고 드림이
오늘날 이 모든 영광의 열매가 되었나이다.

아버지의 사랑이 가득한 이곳에
이 아들과 사랑하는 이들이 가득하나이다.
아버지의 눈물,
아버지의 희생, 아버지의 기다림
그 모든 결과의 열매가 영광이 되었나이다.

눈부시도록 아름다운 이곳에서
세세토록 영광을 돌리며 살아가는 이 삶,
얼마나 그렸던 삶이었는지 이제야
이 아들, 마음껏 아버지를 부르나이다.
사랑하는 나의 아버지.

새 예루살렘 성에 들어가
이 땅에서의 일을 추억하며
아버지 하나님께 올리는 목자의 고백

그리운
이들과의
연회

많은 나날들, 기다림의 나날….

나의 사랑의 마음
끝이 없고 한이 없어 시작된 경작의 역사.
그 결과로 인해 나의 눈물은 웃음이 되네.

그리운 이들과의 만남, 이 연회
너무 아름답도다.
내 마음을, 내 사랑을, 내 감동을
마음껏 사랑하는 이들에게 표현함이여.

늘 행복하고 늘 기쁘고 늘 즐거운 이곳에서
지난날의 일들은 추억이요 감사니
이 삶을 더욱 빛나게 해 주리니

나의 사랑하는 이들의 웃음소리가
나의 마음을 기쁘게 하는구나.

새 예루살렘 연회에서
경작의 열매로 나온 영혼들을 바라보며
기뻐하시는 아버지 하나님의 마음

초판 1쇄 발행 2017년 4월 17일
초판 2쇄 발행 2017년 4월 20일

지은이 이재록
발행인 빈성남
편집인 빈금선

발행처 우림북
영업부 02-837-7632, 070-8240-2072
팩 스 02-869-1537

등록번호164-11-01027

값 13,000원

ISBN 979-11-263-0252-9 03230

우림

우림은 구약 시대에 대제사장이 하나님의 뜻을 묻기 위해 판결 흉패 안에 넣어 사용하던
도구 중의 하나이며, 히브리어로 '빛'이라는 의미가 있습니다(출애굽기 28:30).
빛은 곧 하나님 말씀이며 생명입니다.
우림북은 온 누리에 참 빛을 비추고자 오늘도 기도와 정성으로 문서선교 사역에 앞장서고 있습니다.

www.urimbooks.com

www.ingramcontent.com/pod-product-compliance
Ingram Content Group UK Ltd.
Pitfield, Milton Keynes, MK11 3LW, UK
UKHW041845200726
13854UKWH00005BA/2171

9 791126 302529